जानने की बातें

भाग-2 : रसायन

ग्यारह भागों में संयोजित
ज्ञान-विज्ञान की विश्वकोशीय पुस्तकमाला

पहला भाग : प्रकृति विज्ञान
दूसरा भाग : रसायन
तीसरा भाग : पदार्थ विज्ञान-1
चौथा भाग : दर्शन
पाँचवाँ भाग : साहित्य-संस्कृति
छठा भाग : इतिहास-1
सातवाँ भाग : इतिहास-2
आठवाँ भाग : ललित कथा
नौवाँ भाग : पदार्थ विज्ञान और यंत्र-कौशल
दसवाँ भाग : भारत और दुनिया के लोग
ग्यारहवाँ भाग : अर्थनीति-राजनीति

सम्पादक
देवीप्रसाद चट्टोपाध्याय

जानने की बातें

भाग-2 : रसायन

सम्पादक

देवीप्रसाद चट्टोपाध्याय

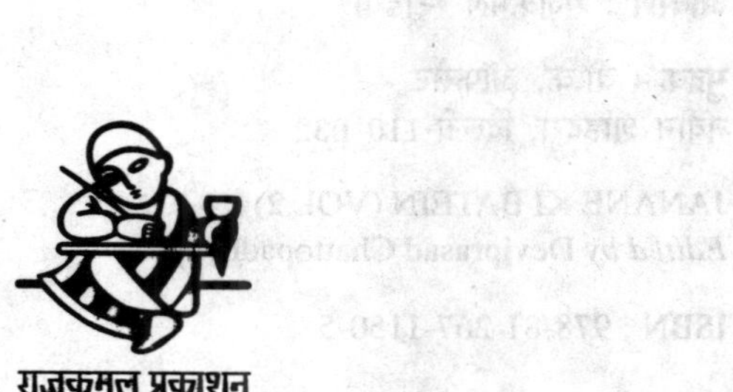

मूल रूप में बांग्ला में प्रकाशित
'जानबार कथा' पुस्तकमाला के
दूसरे भाग का अनुवाद

अनुवाद
हंसकुमार तिवारी

पुनरीक्षक
सुरेश सलिल

मूल्य : (प्रति खंड) ₹495
(पूरा सेट) ₹5445

पहला संस्करण : 2006
नौवाँ संस्करण : 2023

प्रकाशक : राजकमल प्रकाशन प्रा. लि.
1-बी, नेताजी सुभाष मार्ग, दरियागंज
नई दिल्ली-110 002

शाखाएँ : अशोक राजपथ, साइंस कॉलेज के सामने, पटना-800 006
पहली मंजिल, दरबारी बिल्डिंग, महात्मा गांधी मार्ग, इलाहाबाद-211 001

वेबसाइट : www.rajkamalprakashan.com
ई-मेल : info@rajkamalprakashan.com

आवरण : राजकमल स्टूडियो

मुद्रक : बी.के. ऑफसेट
नवीन शाहदरा, दिल्ली-110 032

JANANE KI BATEIN (VOL.2)
Edited by Deviprasad Chattopadhyay

ISBN : 978-81-267-1150-5

प्रकाशकीय

जानने की बातें ! जानने की बातें जानने के लिए ही बच्चे स्कूल-पाठशाला जाते हैं। तब फिर यह पुस्तकमाला क्यों ? स्कूल की पाठ्यपुस्तकें एक निर्धारित पाठ्यक्रम से संबंधित होती हैं। एक सजग-दृष्टिसम्पन्न नागरिक बनने के लिए, बच्चों को पाठ्यक्रम के बाहर भी बहुत कुछ पढ़ना जानना होता है। वही 'बहुत कुछ', 'जानने की बातें' नामक 11 भागों में संयोजित, इस विश्वकोशीय पुस्तकमाला में बच्चे पढ़ेंगे। इसके सभी भागों का विवरण इस प्रकार है :

पहला भाग : प्रकृति विज्ञान
दूसरा भाग : रसायन
तीसरा भाग : पदार्थ विज्ञान-1
चौथा भाग : दर्शन
पाँचवाँ भाग : साहित्य-संस्कृति
छठा भाग : इतिहास-1
सातवाँ भाग : इतिहास-2
आठवाँ भाग : ललित कथा
नौवाँ भाग : पदार्थ विज्ञान और यंत्र-कौशल
दसवाँ भाग : भारत और दुनिया के लोग
ग्यारहवाँ भाग : अर्थनीति-राजनीति।

अपने मूल रूप में बाँग्ला भाषा में प्रकाशित इस पुस्तकमाला का संपादन प्रख्यात दार्शनिक-विद्वान स्व. देवीप्रसाद चट्टोपाध्याय ने किया है, और इसके लेखन में उन्हें चिन्मोहन सेहानवीश, अशोक घोष, सुभाष मुखोपाध्याय, जगदीश दास गुप्त, प्रभात दास गुप्त, प्रशांत सान्याल, मनोमोहन बंद्योपाध्याय, रमाकृष्ण मैत्र, श्यामल चक्रवर्ती आदि विशेषज्ञ विद्वानों का उदार और भरपूर सहयोग मिला है। इसका लेखन और सम्पादन आज से कोई आधी सदी पहले (1954 में) सम्पन्न हुआ था, लेकिन, कतिपय तथ्यों को छोड़ दें, तो राज्यतंत्र और समाजतंत्र अपने शोषण-शासन के साथ जिस समान गति से चल रहा है, उस सबके मद्देनज़र इस पुस्तकमाला की मूल विषयवस्तु आज भी समान

रूप से प्रासंगिक बनी हुई है। हजारों बरसों के सभ्यता के इतिहास में मनुष्य ने जो कुछ सीखा है, सहा-झेला है, उसे यहाँ, उपयुक्त कलात्मक चित्रों के साथ, संक्षेप में और ऐसी आसान भाषा में लिखा गया है कि विशेषकर शिशु-किशोर पाठक और सामान्यतया बड़ी उम्र के साधारणजन समान भाव से पढ़-समझ और लाभान्वित हो सकें। किस्सागोई जैसी रोचक भाषा-शैली में अनगिनत कलात्मक चित्रों से सुसज्जित इस पुस्तकमाला का हिंदी अनुवाद सुपरिचित कवि-अनुवादक हंसकुमार तिवारी (अब स्व.) ने किया है और पुनरीक्षण दायित्व निभाया है कवि-अनुवादक-संपादक सुरेश सलिल ने।

विश्वकोशीय स्वभाव की, अपनी तरह की, यह पहली अनूठी प्रस्तुति है! आशा ही नहीं, वरन् विश्वास है कि साक्षर हिंदी समाज इसे उत्साहपूर्वक अपनाएगा।

क्रम

पदार्थ की बात

दुनिया में जाने कितनी और क्या-क्या चीज़ें भरी पड़ी हैं। जंगल-पहाड़, नदी-समुद्र, मिट्टी-घास, पेड़-पौधे, जीव-जन्तु, स्याही-दवात—कितनी ही चीज़ें! हर चीज़ के लिए कुछ-न-कुछ जगह की ज़रूरत होती है, हर चीज़ कुछ-न-कुछ जगह घेरे रहती है। कहने का मतलब यह कि चीज़ों का आयतन होता है। इस तरह दुनिया की कोई भी चीज़ किसी-न-किसी रूप में कुछ जगह लिए रहती है—इन सबको पदार्थ कहते हैं। अंग्रेज़ी में कहते हैं मैटर।

पदार्थ एक तरह का नहीं, तरह-तरह का होता है। कुछ पदार्थ ऐसे हैं कि पदार्थ के रूप में उन्हें पहचानने में हमें कठिनाई नहीं होती। काठ-पत्थर, लोहा-लक्कड़ को हम छू सकते हैं, आँखों से देख सकते हैं। इनका आयतन होता है, वज़न होता है—इन्हें इधर-उधर खिसकाने में थोड़ी-बहुत ताकत लगानी पड़ती है। लेकिन हर पदार्थ को इस आसानी से पहचानने का उपाय नहीं। उदाहरण के रूप में गैस को लें। जैसे हवा। हवा और कुछ नहीं, खासतौर पर यह दो गैसों की मिलावट है। वैज्ञानिकों की राय में गैस भी एक प्रकार का पदार्थ है। किसी-किसी गैस का रंग होता है, फिर भी सब गैसों को हम आँख से नहीं देख सकते। लेकिन गैस और हवा के लिए भी जगह की ज़रूरत पड़ती है। ये भी जगह लेती हैं। इनका भी आयतन है। वज़न भी है।

इसका प्रमाण ?

एक बैलून में गैस भर दी। बैलून फूल गया। पहले खाली बैलून के लिए जितनी जगह लगती थी, अब उतनी जगह से काम नहीं चलने का। अन्दर चूँकि गैस है, इसलिए कुछ ज्यादा जगह की ज़रूरत हो गई। इसके अलावा

खाली बैलून से गैस भरे बैलून का वज़न बढ़ गया। यह जो वज़न बढ़ा, सो किसका वज़न है? यह गैस का वज़न है।

सो गैस नाम का जो पदार्थ है, वह भी जगह लेता है। अन्य पदार्थों की तरह उसका भी कुछ-न-कुछ वज़न होता है।

पदार्थ की तीन अवस्थाएँ

सब पदार्थों की अवस्था सब समय समान नहीं होती। समझने के लिए तीन तरह के पदार्थों को लें : एक टुकड़ा लोहा, एक ग्लास पानी और एक बोतल गैस।

लोहे के टुकड़े को चाहे मेज़ पर रखें, चाहे बक्स में बन्द कर दें, जहाँ भी, जिस अवस्था में भी उसे रखें, उसका आकार या उसकी शक्ल एक ही जैसी रहेगी। लोहे के चौकोर टुकड़े को गोल ग्लास में रखने से वह गोल नहीं हो जाएगा, चौकोर-का-चौकोर ही रहेगा। मगर इसका मतलब यह नहीं कि उसका आकार बदलना सम्भव ही नहीं। हाँ, आकार बदलने में काफी मेहनत पड़ती है। लुहार जब किसी लोहे को पीट-पीट कर कड़ाह की शक्ल देता है तो इतनी मेहनत पड़ती है कि वह पसीने-पसीने हो जाता है।

लेकिन पानी का स्वभाव और तरह का है। जब तक वह किसी ग्लास में रहता है, उसका आकार ग्लास जैसा होता है। ग्लास से उसे किसी थाली में पलट दीजिए, फैलकर थाली-सा हो जाएगा। थाली से उसे पपीते की पोली डण्ठल में भर दीजिए, तो डण्ठल-सा हो जाएगा।

लेकिन एक बात में दोनों में समानता है। वह यह कि आयतन दोनों का होता है और यह आयतन नहीं बदलता। कहीं भी क्यों न रखें, लोहे के एक घन-इंच का टुकड़ा एक घन-इंच का ही रहेगा। ठीक इसी तरह आधा लीटर वाले बर्तन से पानी को चाहे ग्लास में डालें चाहे किसी डोल में, उसका आयतन वही रहेगा—आधा लीटर वाले बर्तन के पानी से सेर-भर वाला डोल नहीं भरा जा सकता।

लोहे के टुकड़े का अपना आकार और अपना आयतन होता है। जिन पदार्थों में ये दो लक्षण पाए जाते हैं, उन्हें कठोर या ठोस पदार्थ कहते हैं।

पानी का अपना खास आकार नहीं होता, लेकिन आयतन होता है।

जिन पदार्थों का अपना आकार नहीं, लेकिन आयतन होता है, उन्हें तरल पदार्थ कहते हैं।

किन्तु इन दोनों के अलावा भी एक तरह का पदार्थ होता है, जिसके न तो अपना आकार होता है, न अपना आयतन। ऐसे पदार्थ को गैस कहते हैं। एक बोतल गैस को किसी बहुत बड़े खाली बर्तन में डाल दिया जाए तो वह पूरा-का-पूरा भर जाएगा। गैस का सिर्फ आकार ही नहीं बदलेगा, उसका आयतन भी बढ़ जाएगा। लेकिन एक बोतल पानी को अगर हम उसी खाली बर्तन में डाल देते, तो उसका आकार तो बदल जाता, आयतन नहीं बढ़ता।

लेकिन एक बात और।

बर्फ का एक टुकड़ा ले आइए। टुकड़ा कड़ा होगा। ऐसी हालत में उसका अपना आकार और आयतन दोनों होता है। एक बर्तन में रखकर उसे आग पर चढ़ा दीजिए, देखते-ही-देखते वह पिघल कर तरल हो जाएगा। अब उसका आकार तो अपना कुछ न होगा, आयतन अवश्य रहेगा। और ज़रा देर बाद हम देखेंगे कि पानी उबलते-उबलते भाप हो गया और सारा कमरा उसी से भर गया। यानी यह उसकी गैस-अवस्था हुई। अब न तो उसका अपना आकार रह गया, न रहा अपना आयतन।

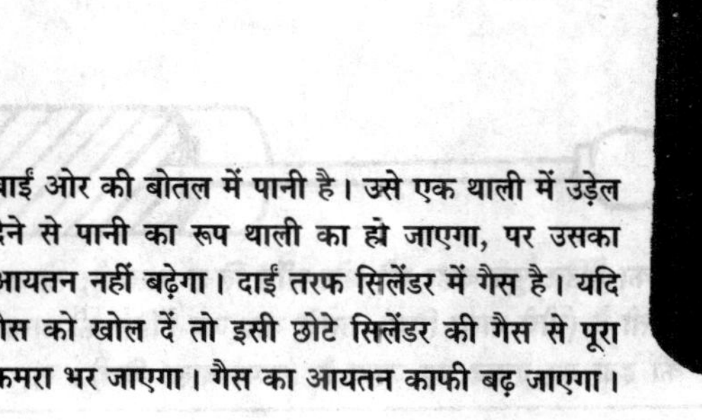

बाईं ओर की बोतल में पानी है। उसे एक थाली में उड़ेल देने से पानी का रूप थाली का हो जाएगा, पर उसका आयतन नहीं बढ़ेगा। दाईं तरफ सिलेंडर में गैस है। यदि गैस को खोल दें तो इसी छोटे सिलेंडर की गैस से पूरा कमरा भर जाएगा। गैस का आयतन काफी बढ़ जाएगा।

इससे यह मतलब निकला कि ताप के जरिए एक ही पदार्थ को ठोस से तरल और तरल से गैस-अवस्था में ले जाया जा सकता है। सो ठोस, तरल और गैस—इनको पदार्थ के तीन प्रकार कहने के बजाय पदार्थ की तीन अवस्थाएँ कहना ठीक होगा।

लेकिन सभी पदार्थों को तरल अवस्था में नहीं लाया जा सकता। जैसे, कपूर, नैपथलिन आदि। गरम करने पर ये तरल नहीं होते, बल्कि एकदम गैस बन जाते हैं। फिर गैस का उत्ताप घटाकर उस पर दबाव बढ़ाने से उसे तरल और तरल से ठोस अवस्था में ले जाया जा सकता है। लेकिन कार्बन-डाइऑक्साइड एक ऐसी गैस है, जिसे इस तरह तरल नहीं बनाया जा सकता। उसको बदलने की कोशिश करते ही वह ठोस अवस्था में पहुँच जाती है।

दबाव और उत्ताप

गैस का अपना कोई आयतन नहीं होता : उसके आयतन का अदलना-बदलना दबाव (Pressure) और उत्ताप (Temperature) पर निर्भर करता है।

पहले दबाव को समझ लें। दबाव से गैस का आयतन कैसे बदल जाता है, इसका एक सबसे सहज उदाहरण देते हैं। फुटबाल में हवा भरने वाले

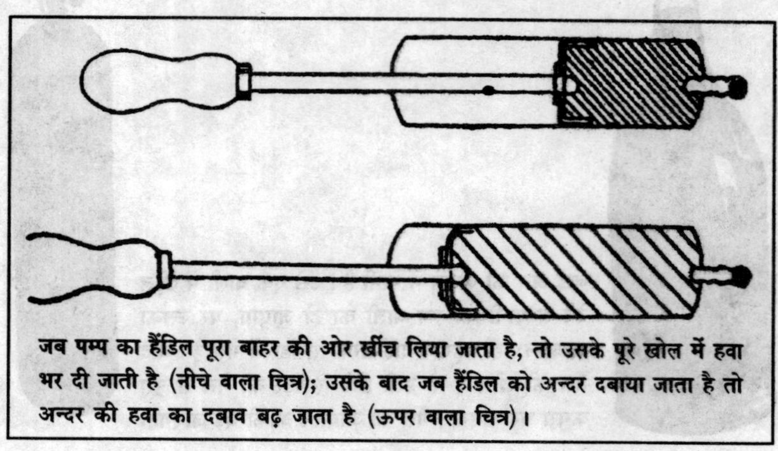

जब पम्प का हैंडिल पूरा बाहर की ओर खींच लिया जाता है, तो उसके पूरे खोल में हवा भर दी जाती है (नीचे वाला चित्र); उसके बाद जब हैंडिल को अन्दर दबाया जाता है तो अन्दर की हवा का दबाव बढ़ जाता है (ऊपर वाला चित्र)।

पम्प में गैस या हवा (हवा भी तो गैस ही है) खींच दीजिए। उसके बाद पम्प के खुले मुँह को बन्द करके उसकी हैंडिल से दबाव डालना शुरू कीजिए। इधर अन्दर की गैस पर दबाव बढ़ने लगा और उस दबाव की वजह से गैस का आयतन बदलने लगा। बहुत कम हो गई गैस।

उत्ताप से गैस का दबाव और आयतन दोनों बढ़ जाता है। इसकी सबसे आसान जाँच है कि एक बैलून को फूँक-फूँककर फुला दिया, यानी उसमें गैस भर दी। उसके बाद उस बैलून को आँच पर रखा। रखते ही बैलून और फूलने लगेगा। फूलते-फूलते अंत में वह फट जाएगा। आखिर क्यों? क्योंकि उत्ताप से अन्दर की गैस का दबाव और आयतन बढ़ते-बढ़ते इतना बढ़ जाएगा कि बैलून में गैस का रुक सकना सम्भव नहीं होगा।

इस तरह गैस के बारे में कुछ नियमों का पता चला—एक, गैस पर दबाव बढ़ाने से उसका आयतन घटता है और दबाव घटाने से आयतन बढ़ता है। इस नियम का जिन्होंने आविष्कार किया था, उनका नाम है बॉयल; इसीलिए इसे बॉयल का नियम कहते हैं।

दो, गैस पर उत्ताप बढ़ाने से उसका आयतन और ताप दोनों बढ़ता है, उत्ताप घटाने से आयतन और दबाव दोनों घटता है। इस नियम को चार्ल्स का नियम कहते हैं, इसलिए कि इसके आविष्कारक का नाम चार्ल्स है।

मतलब यह निकला कि गैस का आयतन कितना होगा, यह दबाव और उत्ताप पर निर्भर करता है। उत्ताप मापने के यन्त्र को थर्मामीटर और दबाव मापने के यन्त्र को बैरोमीटर कहते हैं।

कमरे के अन्दर एक बैरोमीटर रखें तो उसके अन्दर के पारे से बाहर के पारे की ऊँचाई देखकर हम जान सकते हैं कि कमरे में हवा का दबाव कितना है। ठीक इसी तरह एक बोतल गैस में बैरोमीटर के नीचे के कटोरे को डालकर जाना जा सकता है कि अन्दर की गैस का दबाव कितना है। बैरोमीटर के नीचे वाले कटोरे से पारा जितना ऊँचा उठता है, उसे सेंटीमीटर के हिसाब से नापकर गैस का दबाव बताया जाता है—इस बोतल की गैस का दबाव इतने सेंटीमीटर तो उस बोतल की गैस का इतने सेंटीमीटर।

थर्मामीटर से उत्ताप मापा जाता है। जिस गर्मी में बर्फ गलकर पानी बन जाती है, वह माप है शून्य डिग्रीं सेंटीग्रेड, और जिस उत्ताप में पानी उबल कर भाप बन जाता है, वह है 100 डिग्री सेंटीग्रेड। थर्मामीटर में इन दोनों

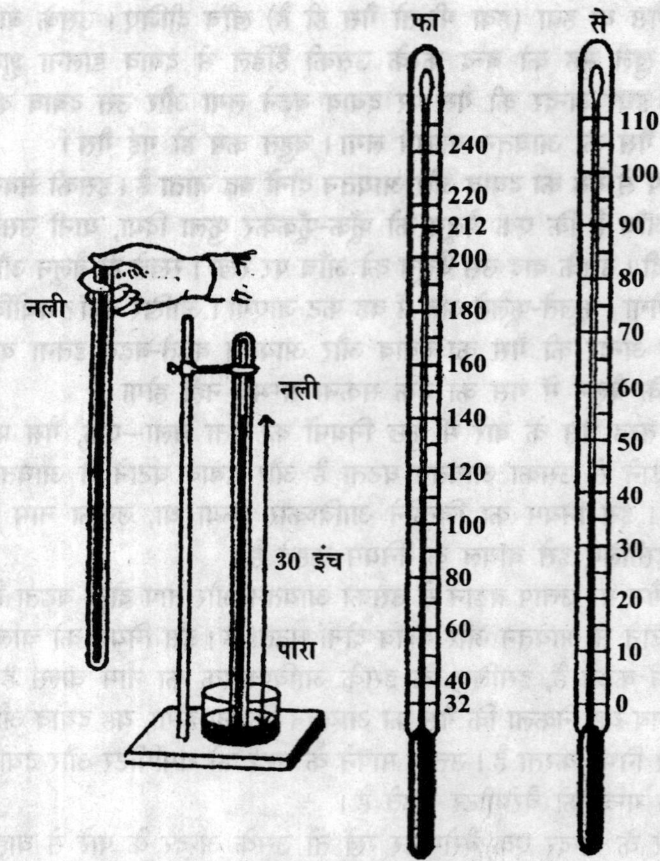

बाईं ओर बैरोमीटर और दाहिनी ओर थर्मामीटर

के बीच की जगह सौ समान हिस्सों में बँटी होती है—एक-एक निशान का मतलब एक-एक डिग्री सेंटीग्रेड। तो, गैस-भरी बोतल में थर्मामीटर डालकर हम पता कर सकते हैं कि उसकी गर्मी कितनी है।

यद्यपि गैस का अपना कोई आयतन नहीं होता, फिर भी वैज्ञानिकों का कहना है कि किसी गैस की गर्मी जब शून्य डिग्री सेंटीग्रेड और दबाव 76 सेंटीमीटर होता है, तब जो आयतन गैस का होता है, उसे ही उसका स्वाभाविक आयतन मानना चाहिए। इस खास दबाव और ताप को इसीलिए

संक्षेप में कहते हैं N.T.P.–अर्थात् Normal Temperature and Pressure, स्वाभाविक दबाव और उत्ताप।

अब इसका एक नमूना देखें कि वैज्ञानिक गैस का आयतन कैसे मापते हैं।

यह याद रखिए कि आयतन की माप होती है घन-सेंटीमीटर में। कोई डिबिया अगर एक सेंटीमीटर लम्बी, एक सेंटीमिटर चौड़ी और एक सेंटीमीटर ऊँची हो, तो उसका आयतन होगा एक घन-सेंटीमीटर। इसी माप की 75 डिबियों का आयतन होगा 75 घन-सेंटीमीटर। किसी भी चौकोर डिबिया या बक्स का आयतन निकालना हो तो लम्बाई, चौड़ाई और ऊँचाई को गुणा करना होगा। आयतन=लम्बाई×चौड़ाई×ऊँचाई।

अब एक गैस का उदाहरण लें। सबसे हल्की गैस है–हाइड्रोजन। एक ग्राम हाइड्रोजन गैस का स्वाभाविक आयतन है 11,200 घन-सेंटीमीटर–यानी, जब उसका ताप शून्य डिग्री सेंटीग्रेड और दबाव 76 सेंटीमीटर होता है, तो एक ग्राम गैस 11,200 घन-सेंटीमीटर जगह घेरती है।

ये नियम बड़े ज़रूरी हैं। आगे इनकी बार-बार ज़रूरत पड़ेगी।

अब पदार्थ के बारे में और-और बातों की जानकारी करें !

मौलिक और यौगिक पदार्थ

पदार्थ कितने प्रकार के होते हैं?

इस सवाल से पहले तो होश उड़ जाते हैं। रेत के कण और घास के तिनके से लेकर पहाड़-पर्वत, जंगल-समुद्र, यहाँ तक कि हवा भी पदार्थ ही है। किसी का रूप कठोर या ठोस है, किसी का तरल तो किसी का वायवीय। हरेक का आयतन है, वजन है और सभी पदार्थ हैं। सभी पदार्थों की सूची बना सकना क्या मुमकिन है?

एक और कारण से यह विषय बड़ा पेचीदा बन जाता है। बहुत बार यह पता चलता है कि जिन पदार्थों को हमने यों विशुद्ध समझा था, वे कतई विशुद्ध नहीं हैं। उदाहरण के तौर पर एक पक्की दीवार को लें। पहले-पहल ऐसा लग सकता है कि ऊपर से नीचे तक शायद एक ही पदार्थ है। लेकिन गौर करते ही मालूम पड़ जाता है कि वह ईंट, बालू, सीमेंट आदि बहुत तरह के पदार्थों से बनी है। समुद्र से कटोरा भर पानी लिया। पहले तो यही लगेगा कि यह एक ही पदार्थ है—एक प्रकार का तरल पदार्थ। मगर हकीकत में बात ऐसी नहीं। कटोरे को चूल्हे पर चढ़ा दें तो देखेंगे कि उबलते-उबलते पानी भाप बनकर हवा में जा मिला और कटोरे में कुछ दूसरे पदार्थ रह गए। जिनमें से एक नमक भी है।

वैज्ञानिक इस नमक को सोडियम क्लोराइड कहते हैं। क्यों भला? क्योंकि उन्होंने जाँच करके देखा है कि साधारण नमक में भी दो प्रकार के पदार्थ हैं—सोडियम नाम का एक धातु व पदार्थ और क्लोरीन नाम की एक गैस। इसका प्रमाण? नमक को गलाकर उस पर बिजली का संचार करते ही दोनों अलग-अलग हो जाएँगे।

तो समुद्र के पानी से मिला नमक, और नमक की जाँच-पड़ताल से मिले सोडियम और क्लोरीन। लेकिन इस तरह की जाँच-पड़ताल कब तक की जा सकती है ? इससे पदार्थ के बारे में जानकारी और पेचीदा नहीं हो जाएगी?

नहीं, पेचीदा नहीं होगी, बल्कि ऐसी छानबीन से अन्त तक यह विषय हमारे लिए बहुत आसान हो जाएगा।

वैज्ञानिकों ने वास्तव में छानबीन की, तोड़-फोड़कर देखा-जाँचा और उसी अनुभव के बल पर उन्होंने बताया कि यह जो करोड़ों-करोड़ पदार्थ हमें दिखाई देते हैं, उनकी अगर छानबीन करें तो पाएँगे कि ये सारे-के-सारे पदार्थ केवल 92 पदार्थों से बने हैं। इन बानबे पदार्थों को ठोक-पीटकर, तोड़-फोड़कर इनसे बाहर का कोई नया पदार्थ नहीं मिल सकता। इसलिए इन्हीं 92 पदार्थों को मौलिक पदार्थ कहते हैं।

मौलिक पदार्थ और यौगिक पदार्थ

दो-एक घरेलू उदाहरणों के द्वारा यह विषय शायद और कुछ आसानी से समझ में आए।

मिसाल के तौर पर अपनी भाषा को लें। हिन्दी भाषा में कितने शब्द हैं? ढेरों। मगर ये सब-के-सब शब्द अ, आ, क, ख आदि कुछ गिनती के अक्षरों से बने हैं। बहुत कुछ इसी तरह इस दुनिया में इतने जो अनगिनत पदार्थ भरे पड़े हैं, ये सारे-के-सारे कुल 92 मौलिक पदार्थों से ही बने हैं।

एक और उदाहरण। दिल्ली शहर में कितने मकान हैं? हज़ारों-हज़ार। लेकिन वे सब-के-सब मकान ईंट, बालू, सीमेन्ट आदि कुछ ही सामानों के बने हैं। इसी तरह इस संसार में पदार्थ चाहे जितने भी हों, सबके मूल तत्त्व केवल यही 92 पदार्थ हैं—मौलिक पदार्थ।

वैज्ञानिकों ने जिन 92 मौलिक पदार्थों की बात बताई है, उनमें से बहुतों से हमारा अच्छा परिचय है, जैसे सोना, चाँदी, लोहा, पारा, ताँबा, टिन, सीसा इत्यादि। लेकिन इनके अतिरिक्त बहुत-से पदार्थों से हमारा परिचय नहीं। उनकी जानकारी विज्ञान पढ़ने से ही होती है : जैसे, ऑक्सीजन, हाइड्रोजन, हिलियम, क्लोरीन आदि। आगे हम इन 92 मौलिक पदार्थों की पूरी सूची देखेंगे।

इन 92 मौलिक पदार्थों में से कुछ आमतौर से कठोर या ठोस शक्ल वाले होते हैं; जैसे, ताँबा, सोना, लोहा, सीसा आदि। यानी उनका अपना आकार भी होता है और आयतन भी। कुछ मौलिक पदार्थों का रूप पिघला हुआ होता है—जैसे, पारा। ऐसे पदार्थों का अपना आकार नहीं, लेकिन आयतन होता है। बाकी पदार्थ गैस-जैसे होते हैं; जैसे, हाइड्रोजन, ऑक्सीजन, नाइट्रोजन आदि। इनका न अपना आकार होता है, न आयतन।

इन 92 मौलिक पदार्थों के अलावा भी तो दुनिया में हजारों-हजार चीजें हैं ! उनको क्या कहें? उन्हें कहते हैं यौगिक पदार्थ। इन्हीं मौलिक पदार्थों में से कुछ-कुछ के मिल जाने से एक-एक यौगिक पदार्थ बना है। लेकिन मौलिक पदार्थों के मेल से बनने के बावजूद यौगिक पदार्थों में मौलिक पदार्थों के लक्षण ढूँढ़े नहीं मिलते।

उदाहरणस्वरूप फिर पानी की बात लें। पानी एक यौगिक पदार्थ है। जिन दो मौलिक पदार्थों के मिलने से पानी बनता है, वे हैं—ऑक्सीजन और हाइड्रोजन। लेकिन पानी में न तो ऑक्सीजन का लक्षण मिलता है, न हाइड्रोजन का। ये दोनों ही गैस हैं, लेकिन इन दोनों से पानी नाम का जो यौगिक पदार्थ बना, वह गैस न रहा, बन गया तरल पदार्थ।

या नमक को लें ! रसायन की भाषा में जिसे सोडियम क्लोराइड कहते हैं। यह भी दो मौलिक पदार्थों—सोडियम और क्लोरीन से बना एक यौगिक पदार्थ है। सोडियम एक प्रकार का धातु है, क्लोरीन एक गैस। परन्तु नमक में न तो उस धातु का लक्षण मिलता है, न ही गैस का।

रासायनिक परिवर्तन की बात

लेकिन यह जाना कैसे जा सकता है कि नमक इन दो तरह के मौलिक पदार्थों का बना है? पहले तो नमक को खूब गरम कीजिए। गरम करने से वह गल जाएगा। 800 डिग्री सेंटीग्रेड से कुछ ज्यादा ताप में नमक बिलकुल गल जाता है। गले हुए नमक पर बिजली का प्रवाह चला देने से नमक के बदले सोडियम और क्लोरीन अलग-अलग मिल जाएँगे। बिजली का प्रवाह कैसे चलाया जाता है, इसकी चर्चा हम आगे करेंगे।

तो यह पता चला कि नमक के असली उपादान, इन दो मौलिक पदार्थों के बिलगाव के लिए, नमक को दो प्रकार से बदलना पड़ा। पहले परिवर्तन को भौतिक परिवर्तन और दूसरे को रासायनिक परिवर्तन कहते हैं। दोनों परिवर्तनों में क्या भेद है, जरा इस पर गौर कर लें !

जमा हुआ और सख्त नमक आँच पर रखकर गला देने पर भी नमक ही रहता है। यह है भौतिक परिवर्तन। इसी तरह पानी को जमाकर बर्फ बना देने या उसे उबालकर भाप बना देने पर भी वह भौतिक परिवर्तन ही कहलाएगा।

लेकिन पिघले नमक को विद्युत-प्रवाह के सहारे जब सोडियम और क्लोरीन नाम के दो मौलिक पदार्थों में बदल देते हैं, तो उनमें नमक की कोई निशानी ही नहीं रह जाती। एक यौगिक पदार्थ से अलग-अलग दो मौलिक पदार्थ मिल जाते हैं। इसे रासायनिक परिवर्तन कहेंगे।

पानी में बिजली के प्रवाह को चलाकर जब हमें ऑक्सीजन और हाइड्रोजन—ये दो मौलिक पदार्थ मिलते हैं तब उस परिवर्तन को किस तरह का कहेंगे? बेशक रासायनिक परिवर्तन कहेंगे। इसमें भी एक यौगिक पदार्थ के बिलगाव से दो मौलिक पदार्थ मिलते हैं।

लेकिन इसका उल्टा भी हो सकता है—दो मौलिक पदार्थों की मिलावट से एक यौगिक पदार्थ बन सकता है। इसे भी रासायनिक परिवर्तन ही कहेंगे।

जैसे, सोडियम और क्लोरीन की मिलावट से नमक बनाया। ऑक्सीजन और हाइड्रोजन से पानी।

यह कैसे होगा ?

एक बोतल में क्लोरीन गैस भर दी। फिर थोड़े-से सोडियम को आग पर गरम कर लिया। चम्मच से उस गरम सोडियम को क्लोरीन की बोतल में डालते ही सोडियम गलने लगेगा। बोतल को अच्छी तरह बन्द कर देना पड़ेगा ताकि क्लोरीन बाहर न निकले। थोड़ी देर बाद हम देखेंगे कि बोतल में न रही क्लोरीन न रहा सोडियम, बन गया नमक।

इसी तरह आयतन के हिसाब से दो हिस्सा ऑक्सीजन और एक हिस्सा हाइड्रोजन किसी बोतल में भरकर उस पर बिजली की लपट या आँच दौड़ाने से इन दो गैसों का एक यौगिक पदार्थ—पानी बनता है।

मिश्रण और यौगिक मिलन

क्लोरीन गैस और सोडियम धातु—दो मौलिक पदार्थों के मिलन से नमक नाम का यौगिक पदार्थ बनता है। किन्तु इस मिलन को वैज्ञानिक लोग मिश्रण नहीं कहते, यौगिक मिलन कहते हैं। दोनों में वास्तविक भेद है।

जैसे, लोहे का चूरा और गन्धक की बुकनी को मिलाया। इसे मिश्रण कहेंगे। इस मिलावट से चाहें तो लोहा और गन्धक को आसानी से अलग कर सकते है। मिलावट में चुम्बक डाल दीजिए, लोहे के चूरे उससे खिंचकर लिपट जाएँगे और गन्धक की बुकनी अलग रह जाएगी। दूसरे, इस मिलावट के बावजूद लोहा और गन्धक का अपना-अपना गुण बरकरार रहेगा। तीसरे, इस मिलावट में न बिजली-प्रवाह की ज़रूरत है, न आँच दिखाने की। दोनों को मिला भर देना है। चौथे, इसमें नपा-तुला नियम नहीं कि मिलावट में कितना लोहा और कितना गन्धक हो—जिस अनुपात में चाहें, मिलाएँ।

किन्तु यौगिक मिलन में ये चारों बातें उल्टी पड़ती हैं।

सोडियम और क्लोरीन से नमक बना। नमक बन जाने पर सोडियम और क्लोरीन को अलग-अलग कर देना क्या इतना ही सहज है? हर्गिज नहीं। दूसरे, क्या नमक में सोडियम और क्लोरीन का अपना-अपना लक्षण मौजूद रह जाता है? नहीं, नमक एक नई ही चीज़ बन जाता है, बिल्कुल अलग। तीसरे, सोडियम और क्लोरीन मिलाकर नमक बनाते समय ताप आ जाता है (दूसरी मिसाल में शायद बाहर से ताप या बिजली का प्रयोग करने पर यौगिक मिलन की गुंजाइश होगी)। चौथे, चाहे जितनी मात्रा में सोडियम और क्लोरीन मिलाकर नमक नहीं बन सकता, उसकी मात्रा का नपा-नपाया हिसाब चाहिए।

या फिर लोहे का चूरा या गन्धक की बुकनी पर ही विचार करें। चाहे जिस अनुपात में हो, दोनों को मिलाने से मिश्रण होगा; लेकिन एक खास मात्रा में (56 ग्राम लोहा में 32 ग्राम गन्धक) दोनों को मिलाकर काँच की सख्त नली (hard glass test-tube) में डालकर अगर आग दिखाएँ तो नली में काली-काली-सी एक सख्त चीज हो जाएगी। यह है आयरन-सल्फाइड। यह एक तरह का यौगिक पदार्थ है। इसमें न तो लोहे का परिचय मिल सकता है, न गन्धक की बू-बास। इसमें से गन्धक और लोहे को अलग

करना मुश्किल है। मतलब यह कि यह मिश्रण नहीं है, वास्तव में यौगिक मिलन है।

मोटे रूप में यह समझें कि मिश्रण एक तरह का भौतिक परिवर्तन है; और यौगिक मिलन है एक प्रकार का रासायनिक परिवर्तन।

मिश्रण और यौगिक मिलन में फर्क

मिश्रण	यौगिक मिलन
1. सामग्रियाँ किसी भी मात्रा में मिलाई जा सकती हैं।	1. सामग्रियों की मात्रा निश्चित होती है।
2. सामग्रियों को आसानी से अलग किया जा सकता है।	2. सामग्रियाँ सहज ही अलग नहीं की जा सकतीं—इसके लिए रासायनिक प्रक्रिया की ज़रूरत होती है।
3. उपादानों का अपना-अपना गुण बरकरार रहता है।	3. उपादानों के अपने गुण गायब हो जाते हैं।
4. मिश्रण के समय पारिपार्श्विक से ताप का विनिमय नहीं होता।	4. यौगिक मिलन में या तो बाहर से ताप प्रयोग की आवश्यकता होती है या मिलन के समय ही ताप उत्पन्न होता है।

यौगिक मिलन के नियम

यौगिक मिलन पाँच नियमों पर निर्भर है, जिनमें से पहले चार नियम तो वज़न से सम्बन्ध रखने वाले हैं और पाँचवाँ आयतन से सम्बन्ध रखने वाला है।

पहला नियम

जिन मौलिक उपादानों से यौगिक पदार्थ बनता है, उन सबका कुल वज़न यौगिक पदार्थ के वज़न के बराबर होता है। कहने का अर्थ यह कि यौगिक मिलन के चलते पदार्थ के मूल वजन में कोई हेर-फेर नहीं होता। 56 ग्राम लोहा और 32 ग्राम गंधक की मिलावट से जितना आइरन सल्फाइड बनेगा, उसका वजन होगा 56+32=88 ग्राम। इस नियम को Conservation of Matter, अथवा पदार्थ के संरक्षण का नियम कहते हैं। इस नियम के एक दूसरे पहलू को भी समझ लेना ज़रूरी है। मान लीजिए, कोयले को जलाकर राख कर डाला—इसके कुछ ही क्षण बाद हमें पता चलेगा कि यह जलाना जो क्रिया है, असल में यह भी एक यौगिक मिलन है। लेकिन चूँकि कोयले से राख का वजन काफी कम होता है, इसलिए पहले-पहल ऐसा लग सकता है कि यौगिक मिलन की वजह से कुछ पदार्थ या तो गायब हो गया या घट गया। लेकिन ऐसी बात नहीं। कोयला जलकर सिर्फ राख ही तो नहीं, कुछ गैस भी बनती है। उस गैस का भी तो वजन है। चूँकि गैस हवा में उड़ जाती है, इसलिए उसके वजन का हमें ख्याल नहीं रहता। कोयले को किसी बन्द बर्तन में जलाएँ और बर्तन सहित ही उसे तौलकर देखें तो पाएँगे कि जलाने के पहले कोयले का जो वज़न था, जल जाने के बाद भी वही है। वास्तव में पदार्थ न तो गायब होता है, न बर्बाद होता है।

दूसरा नियम

एक से ज्यादा मौलिक पदार्थों से यौगिक पदार्थ बनाने के लिए मौलिक पदार्थों की मिलावट में अनुपात का निश्चित हिसाब जरूरी है। इसे निश्चित अनुपात का नियम अर्थात् Law of Definite Proportion कहते हैं।

नियम का जिक्र तो किया जा चुका, अब इसके कुछ उदाहरण लें। कार्बन और ऑक्सीजन को मिलाने से कार्बन डायोक्साइड गैस बनती है। लेकिन मिलाने में दोनों की उचित मात्रा होनी चाहिए। 3 ग्राम कार्बन में 8 ग्राम ऑक्सीजन मिलाने से 11 ग्राम और 6 ग्राम कार्बन में 16 ग्राम ऑक्सीजन मिलाने से 22 ग्राम कार्बन-डायोक्साइड गैस तैयार होगी। दूसरी मात्राओं में ये मिलाए भी जा सकें तो कार्बन-डायोक्साइड गैस नहीं मिलेगी।

तो क्या, और किसी मात्रा में भी ये मिलाए जा सकते हैं? यह जानकारी यहीं हो ले, तो अच्छा है। असल में कार्बन और ऑक्सीजन से ही एक दूसरा यौगिक पदार्थ बनता है। वह है, कार्बन-मोनोक्साइड। यह भी एक तरह की गैस है। इस गैस के लिए कार्बन और ऑक्सीजन मिलाने का अनुपात दूसरा है। वह अनुपात भी बँधा-बँधाया है। 3 ग्राम कार्बन में 4 ग्राम ऑक्सीजन मिलाने से 7 ग्राम कार्बन-मोनोक्साइड मिलेगी। 6 ग्राम कार्बन और 8 ग्राम ऑक्सीजन मिलाने से 14 ग्राम कार्बन-मोनोक्साइड मिलेगी। नपा-तुला नियम। ज़रा भी फर्क हुआ तो कार्बन-मोनोक्साइड गैस नहीं मिलेगी।

तीसरा नियम

तो कार्बन और ऑक्सीजन को दो तरह से अलग-अलग अनुपात में मिलाने से दो प्रकार के यौगिक पदार्थ मिले—कार्बन-डायोक्साइड और कार्बन-मोनोक्साइड। 3 ग्राम कार्बन में 8 ग्राम ऑक्सीजन मिलाने से 11 ग्राम कार्बन-डायोक्साइड; तथा 3 ग्राम कार्बन में 4 ग्राम ऑक्सीजन मिलाने से 7 ग्राम कार्बन-मोनोक्साइड। इन दोनों उदाहरणों को पास-पास रखकर देखें तो एक और नियम का पता चलता है—3 ग्राम कार्बन से या तो 4 ग्राम या 8 ग्राम ऑक्सीजन की मिलावट होती है। अर्थात् कार्बन की मात्रा एक ही रही। दो अलग-अलग गैसों में ऑक्सीजन की मात्रा का फर्क

आया–4 ग्राम या 8 ग्राम, यानी दूसरी पहले से दुगुनी। तो नतीजा यह निकला कि एक ही परिमाण की कार्बन गैस से जिस अनुपात में ऑक्सीजन का मिलन हो सकता है, वह सदा एक ही हिसाब से बढ़ता-घटता रहेगा–दुगुना, तिगुना, चौगुना; या आधा, तिहाई, चौथाई आदि। संक्षेप में, अलग-अलग उदाहरण में मात्रा का अनुपात पूर्णसंख्यक होगा। एक नमूने में दूसरे नमूने का कोई-न-कोई गुणनफल जरूर होगा। 3 ग्राम कार्बन में 4 या 8 ग्राम ऑक्सीजन का मिलना हो सकता है। यदि इन दोनों गैसों के मिलने से और भी कोई यौगिक पदार्थ बन सकता है, तो वैसी हालत में भी 3 ग्राम कार्बन में 12 या 16 या 20 या 24 ग्राम ऑक्सीजन की ही बात सोची जा सकती है। लेकिन 5 या 7 या 9 ग्राम या ऑक्सीजन की ऐसी ही कोई मात्रा (जो 4 का गुणनफल नहीं) 3 ग्राम कार्बन से मिली–यह बात सोची भी नहीं जा सकती। इसकी कोई संभावना ही नहीं। इस नियम को लॉ ऑफ़ मल्टिपल प्रपोर्शन (Law of Multiple Proportion) कहते हैं।

चौथा नियम

पहले यह जान लेना ज़रूरी है कि तुल्य या समतोल वजन क्या होता है? 1 ग्राम हाइड्रोजन से 8 ग्राम ऑक्सीजन का यौगिक मिलन होता है तो इस मिलन से बनता है पानी। चूँकि इसी अनुपात से दोनों का मिलन होता है, इसलिए कहा जाता है कि 1 ग्राम हाइड्रोजन 8 ग्राम ऑक्सीजन के बराबर या समतोल है। ऐसे में कहा यों जाएगा कि हाइड्रोजन का समतोल वज़न 1 और ऑक्सीजन का 8 है। लेकिन दूसरे क्षेत्र में हाइड्रोजन के मुकाबले ऑक्सीजन का समतोल वज़न दूसरा हो सकता है। इन्हीं दोनों–हाइड्रोजन और ऑक्सीजन–के मिलने से एक दूसरा यौगिक पदार्थ तैयार होता है–हाइड्रोजन पराक्साइड (Hydrogen Peroxide)। यहाँ दोनों का अनुपात भिन्न होगा। 1 ग्राम हाइड्रोजन और 16 ग्राम ऑक्सीजन से 17 ग्राम हाइड्रोजन-पराक्साइड बनेगी। यानी यहाँ हाइड्रोजन का समतोल वज़न होगा 1 और ऑक्सीजन का 16।

अब अगर पहले का नियम याद है तो आसानी से समझ में आ सकता है कि एक जगह ऑक्सीजन का समतोल वजन 8 और दूसरी जगह 16 क्यों

हुआ। असल में एक-दूसरे का दूना हुआ। कोई-न-कोई गुणनफल तो होना ही पड़ेगा।

इसी तरह हाइड्रोजन और कार्बन के मिलन से एक प्रकार का यौगिक पदार्थ तैयार होता है। उसे मार्श गैस (Marsh-Gas) कहते हैं। हवा से छू जाते ही यह गैस भक-भक जल उठती है। इस गैस के बनने में 1 ग्राम हाइड्रोजन से 3 ग्राम कार्बन का मिलन जरूरी है। सो मिलन के हिसाब से 1 ग्राम हाइड्रोजन 3 ग्राम कार्बन का समतोल है। ऐसे में कहा जाएगा कि हाइड्रोजन का समतोल वज़न 1, कार्बन का समतोल वजन 3 है।

फिर भी बात जरा टेढ़ी-सी है, क्योंकि हाइड्रोजन और कार्बन का मिलन दूसरी मात्राओं में भी होता है। उदाहरण के लिए इथिलिन (Ethylene) नामक एक यौगिक पदार्थ, गैस ही कहिए, कार्बन और हाइड्रोजन से ही तैयार होता है। 1 ग्राम हाइड्रोजन और 6 ग्राम कार्बन से 7 ग्राम इथिलिन बनती है। इसलिए यहाँ हाइड्रोजन का समतोल वज़न 1, कार्बन का समतोल वज़न 6 होगा।

चूँकि पहले ही बताया गया है, इसलिए समझने में दिक्कत न होगी कि दो जगह कार्बन का समतोल वज़न 3 और 6 क्यों हुआ। यहाँ भी एक दूसरे का दुगुना हुआ। आखिर कोई-न-कोई गुणनफल तो होना ही चाहिए।

यहाँ एक बात याद रखना ज़रूरी है—हर नमूने में हाइड्रोजन का समतोल वज़न एक ही रखा गया है। यही नियम है।

अब ऑक्सीजन से कार्बन के यौगिक मिलन पर गौर करें। ऑक्सीजन से कार्बन का दो तरह की मात्रा में मिलन होता है और उससे दो प्रकार के यौगिक पदार्थ बनते हैं : कार्बन-डायोक्साइड तथा कार्बन-मोनोक्साइड।

3 ग्राम कार्बन और 8 ग्राम ऑक्सीजन से 11 ग्राम कार्बन-डायोक्साइड गैस बनती है, फिर 6 ग्राम कार्बन और 8 ग्राम ऑक्सीजन से 14 ग्राम कार्बन-मोनोक्साइड गैस बनती है।

इन दोनों के समतोल वजन को याद रखने से यह बात समझ में आ जाएगी कि ऊपर के दोनों नमूनों में कार्बन से ऑक्सीजन का मिलन ठीक इन्हीं दो अनुपातों में क्यों हुआ।

समतोल वजन

हाइड्रोजन 1 : ऑक्सीजन 8 या 16

हाइड्रोजन 1 : कार्बन 3 या 6

अतएव समतोल वजन के अनुपात को ठीक रखते हुए अगर कार्बन से ऑक्सीजन का यौगिक मिलन कराना हो तो वह मिलन नीचे दिए गए कुछ रूपों में ही सम्भव हो सकता है :

(1) 8 (ग्राम) ऑक्सीजन + 3 (ग्राम) कार्बन

(2) 8 (ग्राम) ऑक्सीजन + 6 (ग्राम) कार्बन

(3) 16 (ग्राम) ऑक्सीजन + 3 (ग्राम) कार्बन

(4) 16 (ग्राम) ऑक्सीजन + 6 (ग्राम) कार्बन

ऊपर के चार रूपों में पहले और चौथे का अनुपात एक है—8:3 = 16 : 6। इस मात्रा में मिलने से ऑक्सीजन और कार्बन से कार्बन-डायोक्साइड नाम का यौगिक पदार्थ बनता है। दूसरे अनुपात (8 : 6) से कार्बन-मोनोक्साइड गैस बनती है। लेकिन तीसरा जो अनुपात है, इससे वास्तव में कोई यौगिक पदार्थ नहीं बनता, जोकि बन सकता था। यानी उस अनुपात से मिलन सम्भव नहीं है।

इन उदाहरणों से किस नियम का पता चला? पता चला कि यौगिक पदार्थ बनाने के लिए मौलिक पदार्थों का समतोल वज़न के अनुपात में ही मिलना ज़रूरी है—दूसरे किसी अनुपात में वे नहीं मिल सकते। इस नियम को समतोल वज़न का नियम (Law of Equivalent Proportion) कहते हैं।

पाँचवाँ नियम

पाँचवें नियम का सम्बन्ध वज़न के अनुपात से नहीं, आयतन के अनुपात से है। इस नियम से जिन सब मौलिक पदार्थों के मिलन की जानकारी हासिल होती है, वे सारे-के-सारे मौलिक पदार्थ गैस ही हैं। अभिप्राय यह कि यह नियम ठोस से तरल या गैस से ठोस (या तरल) पदार्थों के मिलन का नहीं, सिर्फ दो या तीन गैसों के मिलन का ही नियम है।

गैस के आयतन से सम्बन्ध रखने वाली एक बात हम पहले ही जान

चुके हैं कि गैसों का आयतन निर्भर करता है दबाव और ताप के ऊपर। 76 सेंटीमीटर दबाव और 0 डिग्री सेंटीग्रेड उत्ताप के समय जो आयतन इनका रहता है, वही स्वाभाविक उत्ताप-दबाव का आयतन है। एक शब्द में इसका सूत्र है NTP। गैसों के मिलन की जो भी चर्चा होगी, उसमें सभी आयतन NTP में समझने चाहिए।

कुछेक नमूने :

आयतन के लिहाज से हाइड्रोजन और ऑक्सीजन का मिलन किस अनुपात में होगा?

2 : 1; जैसे 2 घनफुट आयतन की हाइड्रोजन गैस से 1 घनफुट आयतन की ऑक्सीजन गैस मिलेगी—2000 घन-सेंटीमीटर ऑक्सीजन से 1000 घन-सेंटीमीटर हाइड्रोजन का मिलन होगा। ऐसे ही और भी।

हाइड्रोजन और नाइट्रोजन गैसों (दोनों ही मौलिक पदार्थ हैं) के मिलने से अमोनिया नाम की गैस (यौगिक पदार्थ) बनती है। दोनों के मिलने का अनुपात क्या होगा ?

1 घनफुट नाइट्रोजन+3 घनफुट हाइड्रोजन=2 घनफुट अमोनिया गैस, यानी नाइट्रोजन : हाइड्रोजन : अमोनिया = 1 : 3 : 2 का अनुपात होगा।

इसी तरह हाइड्रोजन और क्लोरीन गैस (मौलिक पदार्थ) के मिलने से हाइड्रोक्लोरिक एसिड नाम की गैस (यौगिक पदार्थ) बनती है। इनके मिलने का अनुपात—1 घनफुट हाइड्रोजन+1 घनफुट क्लोरीन=2 घनफुट हाइड्रोक्लोरिक एसिड। यानी हाइड्रोजन : क्लोरीन : हाइड्रोक्लोरिक एसिड = 1 : 1 : 2 होगा।

इन कई उदाहरणों से यह मालूम हुआ कि—

मौलिक गैस जब मिलती हैं, तो उनके आयतन का अनुपात सदा पूर्णसंख्यक होता है। जैसे, 2 : 1, या 1 : 3, या 1 : 1 आदि। 2½, 3¼ या ¼ जैसी कहीं टूटी या अधूरी संख्या नहीं मिलती।

और?

और, मौलिक गैसें मिलकर जब कोई यौगिक गैस बनाती हैं, तो उस यौगिक गैस का आयतन भी तुलना में पूर्ण संख्या में ही रहता है। जैसे, अमोनिया में 2, हाइड्रोक्लोरिक एसिड में 2, यानी बराबर पूर्ण संख्या।

इसका नाम है गे-लुसाक का नियम (Gay-Lussacs Law)।

डाल्टन का परमाणुवाद

असली समस्या

मौलिक पदार्थों के यौगिक मिलन के अभी जो पाँच नियम बताए गए, इन नियमों की जानकारी हमें हुई कैसे? परीक्षण से, प्रयोग से। बार-बार मिलावट करते-करते यह तथ्य प्रकट हुआ कि 1 ग्राम हाइड्रोजन और 8 ग्राम ऑक्सीजन के मिलने से सच ही 9 ग्राम पानी तैयार होता है। हर नियम के बारे में ऐसा ही हुआ। परीक्षण से यह जाना गया कि मौलिक पदार्थ इस-इस ढंग से मिलकर यौगिक पदार्थ तैयार करते हैं।

लेकिन समस्या तो यह है कि आखिर ये ऐसा करते क्यों हैं? यानी इन नियमों की व्याख्या असल में है क्या? मौलिक पदार्थ ठीक इसी-इसी ढंग से क्यों मिलते हैं?

इसी समस्या का हल जॉन डाल्टन (John Dalton : 1766-1844) नाम के अंग्रेज वैज्ञानिक ने निकाला। उनकी व्याख्या सन् 1803 में प्रकाशित हुई। उस व्याख्या में कुछ-कुछ कमी-खामी थी, जिसे दो दूसरे वैज्ञानिकों ने पूरा किया। इन दो में से एक थे इटली के बर्जेलिउस (Berzelius : 1779-1848) और दूसरे स्वीडन के एवोगाद्रो (Avogadro: 1779-1856)।

प्रकल्पन क्या होता है?

कुछ बातों की छानबीन के लिए अक्सर हम एक तरह की कल्पना किया करते हैं। जैसे, कमरे में दाखिल होते ही देखा, खिड़की का शीशा टूटा पड़ा है। कैसे टूटा, यह जानने की कोशिश करने में अन्दाजा लड़ाया कि पड़ोस

के उस शैतान लड़के ने ढेला मारा होगा।

विज्ञान की दुनिया में भी बहुत बार इसी उपाय से आगे बढ़ना पड़ता है। घटना की व्याख्या के लिहाज से पहले कुछ अनुमान लगाना पड़ता है। इसे प्रकल्पन या हाइपोथीसिस (Hypothesis) कहते हैं। यह प्रकल्पन जब खरा उतर आता है, तो इस पर वैज्ञानिक सत्य की मुहर लग जाती है।

मौलिक पदार्थों के यौगिक मिलन की जो घटनाएँ जानी जा सकीं, उनकी व्याख्या की छानबीन के लिए डाल्टन को भी शुरू-शुरू में अनुमानों का ही सहारा लेना पड़ा। वही प्रकल्पन बाद में सत्य प्रमाणित हुए।

उनके प्रकल्पन पदार्थों की बनावट पर हैं। पहले हम उनके प्रकल्पन की मूल बातों की चर्चा करेंगे, उसके बाद यह देखेंगे कि उनसे यौगिक मिलन के नियमों की व्याख्या कैसे मिलती है।

डाल्टन का प्रकल्पन : परमाणुवाद

इनके प्रकल्पन की पहली बात यही है कि अगर हम किसी मौलिक पदार्थ को बारीक-से-बारीक हिस्सों में तोड़ते चलने की चेष्टा करें तो अन्त तक हम उसके ऐसे बारीक अंश पर पहुँच जाएँगे, जिसे और तोड़ने की बात सोची भी नहीं जा सकती। इसका मतलब यह नहीं कि उन सबसे बारीक हिस्सों को वास्तव में हम आँखों से देख सकते हैं। वास्तव में तोड़ने की बात एक कल्पना-भर ही है। यदि हम सोचें कि किसी मौलिक पदार्थ को हम बारीक-से-बारीक अंश में तोड़ते जा रहे हैं तो हमें यह भी सोचना होगा कि इस तरह तोड़ते चलने की भी तो कोई हद है, अन्त है। वैसी हालत में सबसे बारीक जिस अंश को हम पा सकते हैं, उसे और भी सूक्ष्म बनाने की कल्पना नहीं की जा सकती।

डाल्टन ने बताया, मौलिक पदार्थों को तोड़कर बारीक-से-बारीक जो हिस्से मिल सकते हैं, वही उसके परमाणु हैं—परमाणु यानी ऐटम (Atom)।

परमाणु के बारे में कुछ बातें :

(1) प्रत्येक मौलिक पदार्थ का जो भी रासायनिक गुण-अवगुण होता है, हू-ब-हू वही गुण-अवगुण उसके एक-एक परमाणु का होता है। जैसे, सोने के ढेले में जो गुण-अवगुण होंगे, हू-ब-हू वही गुण-अवगुण उसके हर परमाणु

में भी होंगे।

(2) किसी मौलिक पदार्थ का साधारण रूप ठोस, तरल या गैसीय—चाहे जो भी हो, उसके सारे परमाणु की अवस्था लेकिन ठोस होगी। मतलब यह कि किसी भी मौलिक पदार्थ के परमाणु की ठोस के सिवा तरल या गैसीय अवस्था नहीं होती। सवाल यह उठता है कि जब सभी पदार्थ ठोस परमाणुओं के ही बने होते हैं, तो उनमें से कोई-कोई तरल या गैसीय अवस्था में कैसे रहते हैं? बात असल यों है कि ठोस पदार्थों के परमाणु परस्पर बहुत पास-पास रहते हैं और उन्हें एक-दूसरे से आसानी से जुदा नहीं किया जा सकता, जबकि तरल पदार्थों के परमाणु आपस में इतने नज़दीक नहीं होते और उन्हें हटाना-खिसकाना भी सहज होता है। इसी वजह से तरल पदार्थों का अपना कोई रूप नहीं होता, उनके परमाणुओं को आसानी से अलग हटाकर उनकी शक्ल बदली जा सकती है। और गैस? गैस में न केवल परमाणु बिखरे-बिखरे रहते हैं, बल्कि एक-एक परमाणु मानो दौड़ता रहता है, आपस में टकरा-टकराकर छिटका पड़ता है। चूँकि गैस के परमाणु इस तरह से लगातार बिखर जाना चाहते हैं, इसलिए गैस का न तो कोई आकार होता है, न आयतन।

(3) किसी भी मौलिक पदार्थ के सभी परमाणु हू-ब-हू एक-से होते हैं। रासायनिक गुण, आयतन और वज़न—किसी भी बात में उनमें कोई फर्क नहीं होता। जैसे, सभी हाइड्रोजन-परमाणु का आयतन और वज़न एक ही होता है, रासायनिक गुण भी एक ही; ठीक इसी तरह ऑक्सीजन- परमाणु भी सब एक-से होते हैं।

(4) लेकिन अलग-अलग मौलिक पदार्थ के परमाणु अलग-अलग प्रकार के होते हैं। जैसे, हाइड्रोजन-परमाणु से ऑक्सीजन-परमाणु की कोई समानता नहीं—न आयतन में, न वज़न में और न ही रासायनिक गुण में। हर मौलिक पदार्थ के बारे में यही बात है—हर एक के परमाणु बिल्कुल अलग प्रकार के होते हैं। सच तो यह है कि परमाणुओं की खासियत से ही मौलिक पदार्थों की भी अपनी विशेषता है।

(5) परमाणुओं की न तो सृष्टि होती है, न ध्वंस होता है।

यौगिक परमाणु?—डाल्टन का मत और उसका संशोधन

डाल्टन का ख्याल था, मौलिक पदार्थों की तरह यौगिक पदार्थों के भी परमाणु होते हैं। जैसे हाइड्रोजन के परमाणु हैं, ऑक्सीजन के परमाणु हैं, वैसे ही, डाल्टन की राय में, पानी नाम के यौगिक पदार्थ के भी परमाणु हैं। पानी के परमाणु कैसे बने? डाल्टन ने बताया, हाइड्रोजन का एक और ऑक्सीजन का एक परमाणु मिलकर पानी का एक परमाणु तैयार होता है। दो मौलिक परमाणु मिलकर मानो एक नया यौगिक परमाणु हो जाता है। डाल्टन ने यह भी बताया कि जैसे मौलिक पदार्थों के सारे रासायनिक गुण उनके प्रत्येक परमाणु में रहते हैं, वैसे ही यौगिक पदार्थों के भी समझिए। पानी का जो भी रासायनिक गुण हैं, सब पानी के एक-एक परमाणु में भी हैं।

यौगिक मिलन के जिन पाँच नियमों की हमने पहले चर्चा की है, उनमें से पाँचवें की व्याख्या डाल्टन के प्रकल्पन से नहीं हो सकती। क्यों नहीं हो सकती, तब यह देख लें! पाँचवाँ नियम गैसों के यौगिक मिलन के बारे में था : मौलिक गैसें, आयतन के अनुसार सिर्फ पूर्णसंख्यक अनुपात में मिलकर ही यौगिक पदार्थ बना सकती हैं और कहीं यौगिक पदार्थ गैस ही हुआ, तो उसके भी आयतन का अनुपात पूर्णसंख्यक ही होगा, खंडित नहीं होगा।

जैसे, बराबर दबाव और उत्ताप के ऑक्सीजन तथा हाइड्रोजन मिलाकर पानी बनाने के समय दोनों गैसों के आयतन का अनुपात 2 : 1 होगा। 2 घनफुट ऑक्सीजन और 1 घनफुट हाइड्रोजन के रासायनिक मिलन से थोड़ा-सा पानी तैयार होगा।

या 1 घनफुट हाइड्रोजन और 1 घनफुट क्लोरीन मिलकर 2 घनफुट हाइड्रोक्लोरिक एसिड गैस होगी। यहाँ आयतन का अनुपात होगा 1 : 1 : 2।

डाल्टन के मत से ऐसी घटना की व्याख्या करने की उम्मीद से बर्जेलिउस ने एक नए ही प्रकल्पन का सहारा लिया। वह यह कि समान उत्ताप-दबाव की दशा में सारी ही गैसों के निश्चित आयतन में समान-समान परमाणु होंगे। जैसे, (एक ही उत्ताप और दबाव में) एक घनफुट हाइड्रोजन में जितने परमाणु होंगे, एक घनफुट ऑक्सीजन या क्लोरीन या कि

हाइड्रोक्लोरिक एसिड में भी उतने ही परमाणु होंगे।

इससे लगता है कि बर्जेलिउस ने भी डाल्टन की ही तरह यौगिक पदार्थों में परमाणु की कल्पना की थी। लेकिन वैसी चेष्टा में उन्होंने डाल्टन की परमाणु सम्बन्धी मूल बात को ही मानो न माना था। कैसे?

यों समझिए कि किसी खास आयतन के हाइड्रोजन में 1000 हाइड्रोजन के परमाणु हैं। बर्जेलिउस का कहना था कि उसी आयतन के क्लोरीन में भी 1000 क्लोरीन परमाणु होंगे। दोनों के यौगिक मिलन से जो हाइड्रोक्लोरिक एसिड बनता है, उसका आयतन दूना हो जाता है। इसलिए इस मत से उसमें 2000 हाइड्रोक्लोरिक एसिड के परमाणु होने चाहिए। अतएव यह मानना होगा कि 1000 हाइड्रोजन परमाणु + 1000 क्लोरीन परमाणु=2000 हाइड्रोक्लोरिक एसिड परमाणु। यानी 1 हाइड्रोजन परमाणु + 1 क्लोरीन परमाणु=2 हाइड्रोक्लोरिक एसिड परमाणु। अगर यही हो तो 1 हाइड्रोक्लोरिक एसिड परमाणु होगा=½ हाइड्रोजन परमाणु +½ क्लोरीन परमाणु। लेकिन ½ परमाणु का क्या मतलब? ऐसी बात सोचना ही तो डाल्टन की मूल बात को न मानना है। डाल्टन की असली बात तो यही है कि परमाणु को और नहीं तोड़ा जा सकता। यानी परमाणु के खंडित अंश की गुंजाइश नहीं।

फिर?

फिर इस मसले का हल निकाला एवोगाद्रो ने। उन्होंने कहा, यौगिक पदार्थ में परमाणु है, इस कल्पना में ही भूल रह गई है। यानी यौगिक पदार्थ में परमाणु या Atom नहीं होता। परमाणु के बदले उसमें अणु या Molecule की बात सोचनी चाहिए।

हाइड्रोक्लोरिक एसिड नाम के यौगिक पदार्थ को उदाहरण के तौर पर लें। इसे हम सूक्ष्म-से-सूक्ष्मतम अंश में तोड़ते गए, लिहाजा इससे हमें हाइड्रोक्लोरिक एसिड का सबसे बारीक अंश मिलना चाहिए और उसमें उस एसिड का हर गुण भी होगा। यह होगा अणु। और अगर उसे और भी तोड़ें? तोड़ा तो जाएगा, लेकिन इसके बाद जो सूक्ष्म अंश मिलेगा, उसमें यौगिक पदार्थ के गुण का पता नहीं चलेगा। फिर मिलेगा क्या? मिलेगा एक हाइड्रोजन का परमाणु और एक क्लोरीन का परमाणु—यानी उन मौलिक पदार्थों के परमाणु, जिनसे यौगिक पदार्थ बना।

यही बात पानी में भी समझनी चाहिए। पानी के सबसे सूक्ष्म अंश के रूप में जो मिलेगा वह होगा पानी का अणु। और उसे तोड़ने पर? उसे तोड़ने पर हाइड्रोजन का परमाणु तथा ऑक्सीजन का परमाणु।

मतलब यह निकला कि कई परमाणुओं का एक अणु होता है। लेकिन अणु क्या केवल यौगिक पदार्थ का ही होता है? मौलिक पदार्थ के अणु नहीं होता?

होता है। हाइड्रोजन के दो परमाणु का और ऑक्सीजन के दो परमाणु का एक अणु होता है। बात यों है कि मौलिक पदार्थ आमतौर से परमाणु के रूप में नहीं होते, बल्कि उनके कई परमाणु मिलकर अणु के रूप में रहते हैं। मौलिक पदार्थ के प्रत्येक अणु में उस मौलिक पदार्थ का पूरा रासायनिक परिचय मौजूद रहता है। कहीं-कहीं मौलिक पदार्थ में परमाणु ही स्वतन्त्र ढंग से रहते हैं—मिल-मिलाकर अणु-रूप में ही रहें, ऐसा नहीं। जैसे आरगन, नियन, जेनन, क्रिप्टन। ये सब-की-सब गैसें हैं और मौलिक पदार्थ भी हैं।

अब हम यह देखें कि बर्जेलिउस के विचार को एवोगाद्रो ने किस तरह से सुधारा ! बर्जेलिउस का कहना था, एक ही दबाव और उत्ताप में एक ही आयतन की गैस में निश्चित संख्या में परमाणु होंगे। लेकिन एवोग्रादो ने कहा, नहीं, समान आयतन के गैस में (एक ही दबाव और उत्ताप में) परमाणु के बदले निश्चित संख्या में अणु होंगे।

इस व्याख्या से सहूलियत क्या हुई?

उदाहरण के लिए (समान दबाव और उत्ताप में) एक खास आयतन की गैस में 1000 अणु होते हैं। हाइड्रोजन, क्लोरीन और हाइड्रोक्लोरिक एसिड—सबमें। तो,

1000 हाइड्रोजन अणु+1000 क्लोरीन अणु=2000 हाइड्रोक्लोरिक एसिड के अणु। यानी;

1 हाइड्रोजन अणु+1 क्लोरीन अणु=2 हाइड्रोक्लोरिक एसिड के अणु। अर्थात्;

1 हाइड्रोक्लोरिक एसिड का अणु=½ हाइड्रोजन अणु+½ क्लोरीन अणु।

लेकिन ½ हाइड्रोजन अणु के क्या मानी? 1 हाइड्रोजन परमाणु। इसी

तरह ½ क्लोरीन अणु का मतलब 1 क्लोरीन परमाणु।

इसका सारांश यह निकला कि,

1 हाइड्रोक्लोरिक एसिड का अणु=1 हाइड्रोजन-परमाणु+1 क्लोरीन-परमाणु।

परमाणु को और तोड़ने की कल्पना नहीं करनी पड़ी। इसलिए परमाणु के बारे में डाल्टन का जो प्रकल्पन था, वह वैसा ही रहा।

इससे और भी दो ज़रूरी बातें जानी गईं।

चूँकि शुरू से आखिर तक हिसाब को समझने के लिए हमने यह माना कि

½ हाइड्रोजन अणु = 1 हाइड्रोजन परमाणु

½ क्लोरीन अणु = 1 क्लोरीन परमाणु

अतः हमें यह मानना पड़ा कि हाइड्रोजन और क्लोरीन दोनों ही मौलिक पदार्थों का प्रत्येक अणु दो-दो परमाणुओं से बना है। अंग्रेज़ी में इस तरह के अणु को डाइऐटामिक (di-atomic) यानी दो परमाणुओं से बना अणु कहते हैं।

अब जरा पानी के बारे में समझने की कोशिश करें। लेकिन पानी का हिसाब टेढ़ा है। हाइड्रोक्लोरिक एसिड की तरह पानी भी अगर गैस होता तो यौगिक मिलन के पाँचवें नियम के मुताबिक उसके आयतन का अनुपात भी पूर्णसंख्यक होता। लेकिन पानी गैस तो है नहीं, तरल पदार्थ है।

हाँ, तरल पदार्थ को गैस की हालत में ले आना मुश्किल नहीं। 100 डिग्री सेंटीग्रेड आँच में पानी भाप यानी गैस बन जाता है। इसलिए सहूलियत के लिए पानी को हम भाप ही समझें। लेकिन ऐसा समझने पर हाइड्रोजन और ऑक्सीजन को—जिन दोनों के मिलने से पानी बनता है—100 डिग्री सेंटीग्रेड आँच में रखकर जाँच करनी पड़ेगी। क्योंकि यौगिक मिलन के पाँचवें नियम के अनुसार आयतन का अनुपात पूर्णसंख्यक तभी होगा जबकि सारी गैसें एक ही दबाव और उत्ताप में हों। इसलिए एक ही दबाव और उत्ताप की बात को ध्यान में रखते हुए पानी (भाप) की छानबीन करें।

जाँच से पता चलता है कि किसी खास आयतन के ऑक्सीजन से दूने आयतन में हाइड्रोजन मिला देने से ऑक्सीजन से दूनी (यानी हाइड्रोजन के

बराबर) भाप बनती है। जैसे,

हाइड्रोजन 2 + ऑक्सीजन 1 = पानी (भाप) 2।

मान लें, इस आयतन में एक-एक हज़ार अणु हैं, तो हिसाब यों होगा–

2000 हाइड्रोजन अणु + 1000 ऑक्सीजन अणु = 2000 पानी (भाप) अणु। इसलिए,

1 पानी (भाप) अणु = 1 हाइड्रोजन अणु + ½ ऑक्सीजन अणु।

अब सवाल यह उठता है कि ½ ऑक्सीजन अणु के माने क्या?

ऑक्सीजन का अणु बेशक दो परमाणुओं का बना होगा। इसलिए ऑक्सीजन भी 'डाइऐटामिक' (di-atomic) है।

यह तो हम पहले ही देख चुके हैं कि हाइड्रोजन अणु भी दो परमाणुओं से बना है। तो

1 पानी का अणु = 2 हाइड्रोजन परमाणु + 1 ऑक्सीजन परमाणु।

परमाणु का वजन

हाइड्रोजन-ऑक्सीजन मिलाकर पानी बनाने की चर्चा हम एक बार कर चुके हैं। लेकिन तब हमने उसका हिसाब किया था गैसों के वजन से, आयतन से नहीं।

उस समय वजन का अनुपात क्या था? 1 ग्राम हाइड्रोजन से 8 ग्राम ऑक्सीजन के यौगिक मिलन से 9 ग्राम पानी बनता है। यानी 1 : 8, यानी 2 : 16।

मगर आयतन के हिसाब से हुआ : 2 हाइड्रोजन परमाणु + 1 ऑक्सीजन परमाणु = । पानी का अणु। संख्या के लिहाज से हाइड्रोजन और ऑक्सीजन के परमाणु का अनुपात हुआ 2 : 1।

अब दोनों को पास-पास रखकर देखें।

वजन के हिसाब से हाइड्रोजन : ऑक्सीजन = 2 : 16 और परमाणु की संख्या के हिसाब से हाइड्रोजन : ऑक्सीजन = 2 : 1

अब एक हाइड्रोजन परमाणु का वजन अगर 1 मानें तो 2 का वजन कितना? 2 (दो)। इस हिसाब से ऑक्सीजन की हालत क्या होगी? संख्या के हिसाब से 1 परमाणु और वजन के हिसाब से 16। इस हिसाब के

अनुसार यह कहेंगे कि ऑक्सीजन के एक परमाणु का वजन एक हाइड्रोजन परमाणु से 16 गुना होगा।

हाइड्रोजन के वजन को 1 मानकर परमाणुओं का वजन किया जाता है। यानी किसी परमाणु का वजन कितना है या वह हाइड्रोजन परमाणु के वजन का कितने गुना है? ऑक्सीजन का एक परमाणु एक हाइड्रोजन परमाणु से 16 गुना भारी होता है, सो यों कहेंगे कि एक ऑक्सीजन के परमाणु का वजन 16 होता है। इसे पारमाणविक वजन कहते हैं।

पानी का एक अणु 2 हाइड्रोजन परमाणु+1 ऑक्सीजन परमाणु से बनता है। दो हाइड्रोजन परमाणु का वजन हुआ 2 और एक ऑक्सीजन परमाणु का वजन 16। 2 + 16 = 18।

यही है पानी का आणविक वजन, यानी पानी के 1 अणु का वजन 18।

इसी ढंग से हम क्लोरीन का भी पारमाणविक वजन निकाल सकते हैं। यानी कि क्लोरीन का परमाणु हाइड्रोजन परमाणु से कितने गुना भारी होता है।

हम जान चुके हैं कि 1 हाइड्रोजन परमाणु+1 क्लोरीन परमाणु=1 हाइड्रोक्लोरिक एसिड का अणु। लेकिन इन दोनों पदार्थों को मिलाकर हाइड्रोक्लोरिक एसिड बनाते हुए पता चलता है कि 1 ग्राम हाइड्रोजन+ 35.5 ग्राम क्लोरीन मिलाने से 36.5 ग्राम हाइड्रोक्लोरिक एसिड बनता है। तो नतीजा यह निकला :

परमाणु की संख्या के हिसाब से हाइड्रोजन : क्लोरीन = 1 : 1; और वजन के हिसाब से हाइड्रोजन : क्लोरीन = 1 : 35.5।

यानी एक क्लोरीन परमाणु का वजन एक हाइड्रोजन परमाणु से 35.5 गुना होता है। यानी क्लोरीन का पारमाणविक वजन हुआ 35.5।

ऐसे ही, या और-और ढंग से कुल 92 मौलिक पदार्थों का पारमाणविक वजन निकाला गया है।

यौगिक मिलन के नियमों की व्याख्या

यौगिक मिलन के पाँच नियमों में से पाँचवें की व्याख्या हम पहले ही

कर चुके हैं। वास्तव में उसी की छानबीन करते हुए एवोगाद्रो ने डाल्टन के प्रकल्पन का सुधार किया। अब हम यह जानने की कोशिश करें कि अणु एवं परमाणु के विचार से पहले चार नियमों की क्या व्याख्या मिलती है।

पहला नियम था कि यौगिक मिलन से पदार्थ न तो बढ़ता है, न घटता है। यहाँ हमने यह देखा कि मौलिक पदार्थों के परमाणु मिलकर जब यौगिक पदार्थ का अणु तैयार होता है, तो परमाणुओं की संख्या घटती-बढ़ती नहीं है। पानी के एक अणु में दो हाइड्रोजन परमाणु और एक ऑक्सीजन परमाणु मौजूद रहते हैं। परमाणु नष्ट नहीं होते, न ही नए बनते हैं। सो यौगिक मिलन के पहले नियम की व्याख्या तो मिल गई।

दूसरा नियम था कि जिन मौलिक पदार्थों से यौगिक पदार्थ बनते हैं, उनका अनुपात वही रहेगा। हाइड्रोजन और ऑक्सीजन 2 : 1 के अनुपात में मिलने से पानी बनता है और हर हालत में इसका अनुपात यही रहेगा। क्योंकि पानी के 1 अणु में 2 हाइड्रोजन तथा 1 ऑक्सीजन परमाणु रहता है। हर हाइड्रोजन परमाणु का वजन वही होता है, हर ऑक्सीजन परमाणु का वजन भी एक ही होता है। इसलिए इनके वजन का अनुपात भी निश्चय ही एक रहेगा।

वैलेन्सी (Valency) अर्थात्
परमाणुओं के आपस में मिलने की क्षमता

तीसरे और चौथे नियम की व्याख्या समझने से पहले एक और बात की आलोचना कर लेना जरूरी है। पहले कुछेक उदाहरण लें :

1 हाइड्रोजन परमाणु + 1 क्लोरीन परमाणु = हाइड्रोक्लोरिक एसिड का 1 अणु।

3 हाइड्रोजन परमाणु + 1 नाइट्रोजन परमाणु = 1 अमोनिया (गैस) का अणु।

2 हाइड्रोजन परमाणु + 1 ऑक्सीजन परमाणु = 1 पानी का अणु।

4 हाइड्रोजन परमाणु + 1 कार्बन परमाणु = जलने वाली गैस का 1 अणु।

लिहाजा हम यह देख पाते हैं कि 1 हाइड्रोजन परमाणु से 1 क्लोरीन परमाणु मिलता है; 3 हाइड्रोजन परमाणु से 1 नाइट्रोजन परमाणु मिलता है। इसी तरह और-और भी।

इसलिए हम कह सकते हैं कि;

1 क्लोरीन परमाणु में 1 हाइड्रोजन परमाणु से मिलने की क्षमता है।

1 नाइट्रोजन परमाणु में 3 हाइड्रोजन परमाणु से मिलने की क्षमता है।

1 ऑक्सीजन परमाणु से 2 हाइड्रोजन परमाणु के मिलने की क्षमता है।

1 कार्बन परमाणु से 4 हाइड्रोजन परमाणु के मिलने की क्षमता है।

कोई एक परमाणु जिस तादाद में हाइड्रोजन परमाणु से मिलने की क्षमता रखता है, वही संख्या उस परमाणु की वैलेन्सी है। जैसे,

क्लोरीन परमाणु की वैलेन्सी	=	1
ऑक्सीजन परमाणु की वैलेन्सी	=	2
नाइट्रोजन परमाणु की वैलेन्सी	=	3
कार्बन परमाणु की वैलेन्सी	=	4

हाइड्रोजन परमाणु की वैलेन्सी क्या हुई? 1 हुई, क्योंकि 1 हाइड्रोजन परमाणु दूसरे एक हाइड्रोजन परमाणु से मिलकर 1 हाइड्रोजन अणु बनाता है।

सभी मौलिक पदार्थों के परमाणु क्या हाइड्रोजन परमाणु से मिल सकते हैं? नहीं। तो फिर उनकी वैलेन्सी का हिसाब कैसे लगाया जाएगा?

असल में जिन मौलिक पदार्थों के परमाणु हाइड्रोजन परमाणु से नहीं मिल सकते, वे क्लोरीन परमाणु से मिल सकते हैं। हाइड्रोजन के समान क्लोरीन की भी वैलेन्सी = 1 है; इसलिए इन सब मौलिक पदार्थों के परमाणुओं की वैलेन्सी के हिसाब के लिए यह विचार करने से ही काम चल जाएगा कि क्लोरीन के परमाणु से मिलने की उनकी क्षमता क्या है। कुछ उदाहरण देखें :

1 क्लोरीन परमाणु + 1 सोडियम परमाणु = 1 अणु नमक (सोडियम क्लोराइड)

1 क्लोरीन परमाणु + 1 चाँदी परमाणु = 1 अणु सिलवर क्लोराइड (एक तरह का यौगिक पदार्थ)

2 क्लोरीन परमाणु + 1 ज़िंक (जस्ता) का परमाणु = 1 अणु ज़िंक

क्लोराइड (एक तरह का यौगिक पदार्थ)

4 क्लोरीन परमाणु + 1 सिलिकन परमाणु = 1 अणु सिलिकन क्लोराइड (एक तरह का यौगिक पदार्थ)

इससे यह पता चला कि,

सोडियम की वैलेन्सी	=	1
चाँदी की वैलेन्सी	=	1
जस्ते की वैलेन्सी	=	2
सिलिकन की वैलेन्सी	=	4

(सिलिकन, चाँदी या जस्ते की वैलेन्सी के माने; इन-इन पदार्थों के परमाणु की वैलेन्सी)।

सबसे ज्यादा वैलेन्सी किस चीज की होती है? ओसमियम (Osmium) नाम के एक मौलिक पदार्थ के परमाणु की। कितनी होती है? 8 (आठ)।

सबसे कम वैलेन्सी क्या होती है? 0 (शून्य)। 0 यानी जिन मौलिक पदार्थों के परमाणु दूसरे किसी मौलिक पदार्थ से मिल ही नहीं सकते, या जो किसी प्रकार के यौगिक पदार्थ के उपादान नहीं बन सकते—जो हर समय अलग ही रहते हैं।

किन मौलिक पदार्थों के परमाणु की वैलेन्सी 0 (शून्य) होती है?

नियन (Neon), आरगन (Argon), हिलियम (Helium) आदि की। ये सब-की-सब गैसें हैं। इस जाति की गैसों को कहते हैं इनर्ट गैस (Inert gas)। अपनी भाषा में निकम्मी या आलसी गैस कह सकते हैं।

वैलेन्सी को और ठीक से समझने के लिए एक चलती हुई मिसाल को लें। वैलेन्सी, मानो परमाणु के हाथ की तादाद है। हाइड्रोजन परमाणु की वैलेन्सी 1 है, यानी उसके मानो एक ही हाथ है। ऑक्सीजन परमाणु की वैलेन्सी है 2; गोया उसके दो हाथ हैं। ठीक इसी तरह नाइट्रोजन परमाणु के मानो तीन हाथ हैं, कार्बन परमाणु के चार।

अब इसे चित्रों की मदद से समझें।

पानी के एक अणु में 2 हाइड्रोजन और 1 ऑक्सीजन परमाणु हैं। ऑक्सीजन परमाणु के दो हाथ हैं—उन्हीं दो हाथों से मानो उसने हाइड्रोजन परमाणु के दो हाथों को पकड़ा है। तो यह चित्र कैसा होगा?

O————●————O

हाइड्रोजन ऑक्सीजन हाइड्रोजन

अथवा यदि एक हाइड्रोजन परमाणु की पहचान H और एक ऑक्सीजन परमाणु का चिन्ह O हो तो चित्र यों होगा :

H————O————H

लेकिन हाइड्रोक्लोरिक एसिड के एक अणु में एक हाइड्रोजन परमाणु (H) और एक क्लोरीन परमाणु (Cl) होता है। मतलब यह हुआ कि हाइड्रोजन परमाणु अपने एक हाथ से मानो क्लोरीन परमाणु के एक हाथ को पकड़े हुए है। चित्र में,

H————————Cl

अब यह देखें कि अमोनिया गैस के अणु का चित्र कैसा होगा? उसमें एक तो नाइट्रोजन परमाणु (सांकेतिक चिन्ह N) और तीन हैं हाइड्रोजन परमाणु। अर्थात् मानो नाइट्रोजन परमाणु अपने तीन हाथों से (वैलेन्सी है 3) तीन हाइड्रोजन परमाणु के एक-एक हाथ को पकड़े हुए हो। जैसे–

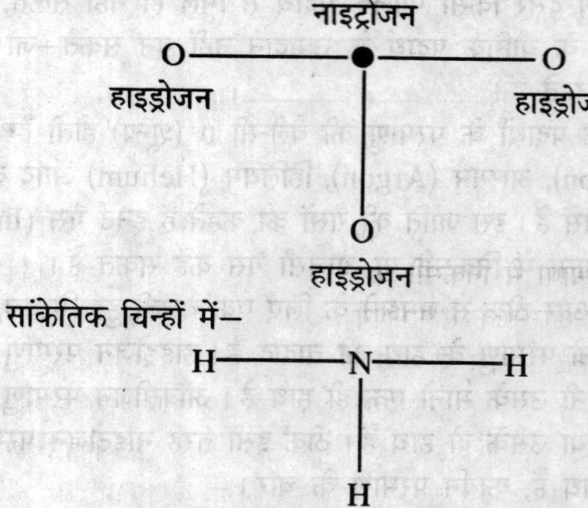

सांकेतिक चिन्हों में–

दप्-दप् जलने वाली गैस के एक परमाणु में कार्बन का एक और हाइड्रोजन के चार परमाणु हैं। अर्थात् कार्बन परमाणु ने (सांकेतिक चिन्ह C) मानो अपने चार हाथों से चार हाइड्रोजन परमाणुओं के चार हाथों को पकड़ रखा है। इसका चित्र होगा :

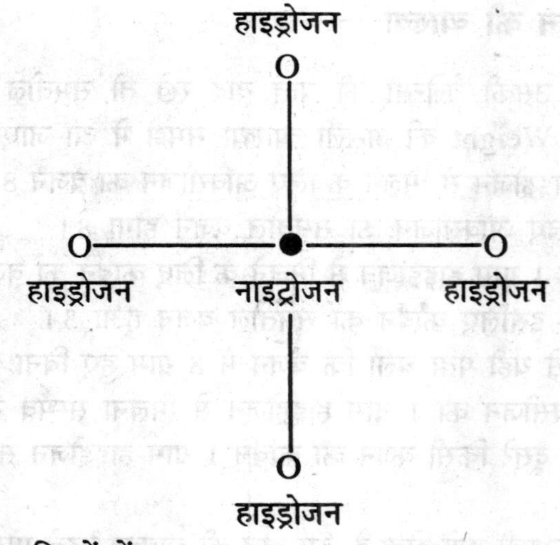

या सांकेतिक चिन्हों में

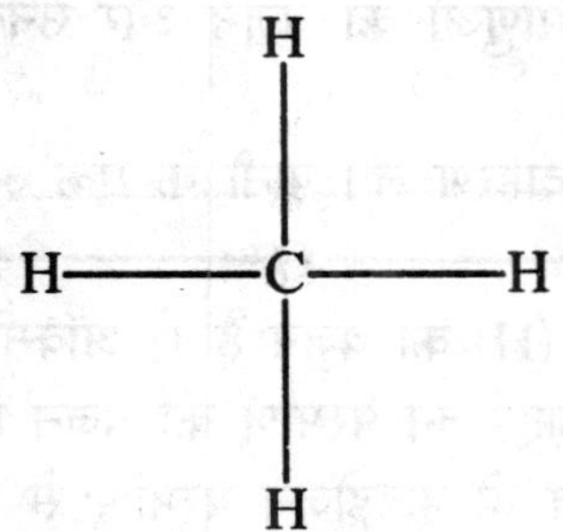

अब कार्बन-डायोक्साइड के एक अणु की बात लें। यह अणु एक कार्बन परमाणु और दो ऑक्सीजन परमाणु का बनता है। कार्बन परमाणु की वैलेन्सी है 4, ऑक्सीजन परमाणु की 2; लिहाजा समझना होगा कि कार्बन परमाणु ने एक ओर दो हाथों से एक ऑक्सीजन परमाणु के दो हाथों को पकड़ा है और बाकी दो हाथों से दूसरी ओर दूसरे ऑक्सीजन परमाणु के दो हाथों को पकड़ा है। इसका चित्र इस प्रकार का होगा :

O ══════ ● ══════ O

ऑक्सीजन कार्बन ऑक्सीजन

सांकेतिक चिन्हों से,

O ══════ C ══════ O

समतोल वजन की व्याख्या

परमाणु और उसकी वैलेन्सी की बात याद रखें तो समतोल वजन या Equivalent Weight की असली व्याख्या समझ में आ जाएगी।

1 ग्राम हाइड्रोजन से मिलने के लिए ऑक्सीजन का वजन 8 ग्राम होना चाहिए। इसलिए ऑक्सीजन का समतोल वजन होगा 8।

इसी तरह 1 ग्राम हाइड्रोजन से मिलने के लिए कार्बन का वजन 3 ग्राम होना चाहिए। इसलिए कार्बन का समतोल वजन हुआ 3।

परीक्षण से यही पता चला कि वजन में 8 ग्राम हुए बिना और किसी वजन के ऑक्सीजन का 1 ग्राम हाइड्रोजन से मिलना सम्भव नहीं, या 3 ग्राम के सिवा दूसरे किसी वजन का कार्बन 1 ग्राम हाइड्रोजन से नहीं मिल सकता।

ठीक-ठीक यही क्यों होता है, इस बात की व्याख्या पहले मालूम न थी। व्याख्या मालूम हुई परमाणुओं का वजन और उनकी वैलेन्सी जानने के बाद।

कैसे? पानी का उदाहरण लें। पानी के एक अणु का चित्र हुआ,

$$H \text{———} O \text{———} H$$

हाइड्रोजन परमाणु (H) का वजन है 1; ऑक्सीजन परमाणु (O) का वजन है 16। तो दो हाइड्रोजन परमाणु का वजन होगा 2। इसलिए एक ऑक्सीजन परमाणु जब दो हाइड्रोजन परमाणु से मिलता है, तब उसके वजन का अनुपात होगा 16 : 2; अर्थात् 8 : 1।

इसलिए हाइड्रोजन से मिलने के लिए ऑक्सीजन का समतोल वजन 8 होना ही चाहिए।

ऐसे ही जलने वाली गैस में हाइड्रोजन से कार्बन का मिलन होता है। इस गैस के एक अणु में एक कार्बन परमाणु और एक हाइड्रोजन परमाणु रहता है। एक कार्बन परमाणु का वजन 12; चार हाइड्रोजन परमाणु का कुल वजन 4; इसलिए कार्बन और हाइड्रोजन के वजन का अनुपात हुआ 12 : 4, यानी 3 : 1।

अतएव हाइड्रोजन से मिलने के लिए कार्बन का समतोल वजन 3 ही ठीक है।

समतोल वजन का हिसाब लगाने का सहज तरीका है :

$$\text{परमाणु का समतोल वजन} = \frac{\text{परमाणु का वजन}}{\text{परमाणु की वैलेन्सी}}$$

ऑक्सीजन परमाणु का वजन है 16, वैलेन्सी 2; इसलिए उसका समतोल वजन हुआ $\frac{16}{2}=8$।

कार्बन परमाणु का वजन 12, वैलेन्सी 4; तो उसका समतोल वजन हुआ $\frac{12}{4} = 3$।

यह हिसाब बैठ क्यों जाता है, यह समझना सहज है। किसी भी मौलिक पदार्थ के परमाणु के वजन का मतलब ही यह है कि वह एक हाइड्रोजन परमाणु से कितने गुना भारी है। और उसकी वैलेन्सी का मतलब यह है कि वह परमाणु कितने हाइड्रोजन परमाणु से मिल सकता है। इसलिए उसके वजन को वैलेन्सी से भाग करने पर जान सकते हैं कि 1 वजन के हाइड्रोजन से मिलने के लिए उसका वजन कितना होना चाहिए–अर्थात् उसका समतोल वजन क्या है?

इसे इस तरह से भी समझ लें।

अगर

समतोल वजन = परमाणु का वजन÷वैलेन्सी

हो, तो

समतोल वजन × वैलेन्सी = परमाणु का वजन

होगा! एक ही बात है, सिर्फ उलटकर कहा गया है।

यौगिक मिलन के चौथे नियम की व्याख्या

जलने वाली गैस, पानी और कार्बन डायोक्साइड के जो उदाहरण हम देख चुके हैं, उन्हीं के सहारे आगे बढ़ें।

जलने वाली गैस में क्या होता है?

1 कार्बन परमाणु 4 हाइड्रोजन परमाणु से मिलता है। कार्बन परमाणु की वैलेन्सी 4, हाइड्रोजन परमाणुओं में से हरेक की वैलेन्सी 1 है। चित्र के अनुसार–

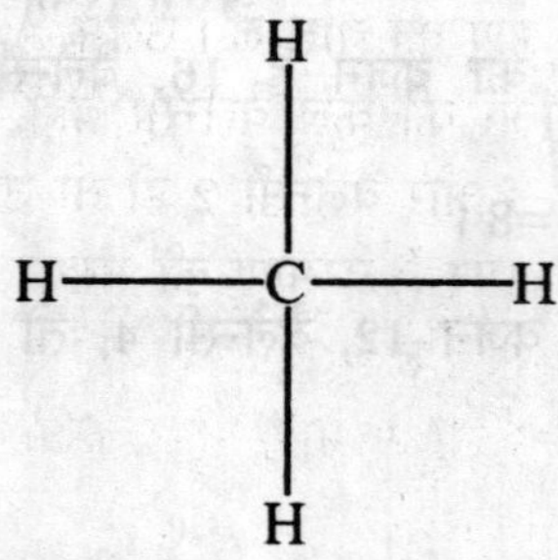

तो हम कह सकते हैं कि

(1) हाइड्रोजन परमाणु की वैलेन्सी × हाइड्रोजन परमाणु की संख्या = कार्बन परमाणु की वैलेन्सी × कार्बन परमाणु की संख्या।

और, पानी का क्या होगा?

1 ऑक्सीजन परमाणु 2 हाइड्रोजन परमाणु से मिलता है। ऑक्सीजन की वैलेन्सी है 2, दो हाइड्रोजन की एक-एक। जैसे,

$$H — O — H$$

तो हम कह सकते हैं कि

(2) हाइड्रोजन परमाणु की वैलेन्सी × हाइड्रोजन परमाणु की संख्या = ऑक्सीजन परमाणु की वैलेन्सी × ऑक्सीजन परमाणु की संख्या।

और, कार्बन डायोक्साइड?

1 कार्बन परमाणु 2 ऑक्सीजन परमाणु से मिलता है। कार्बन की वैलेन्सी 4, ऑक्सीजन की 2-2। जैसे

$$O = C = O$$

तो हम कह सकते हैं कि

(3) कार्बन परमाणु की वैलेन्सी × कार्बन परमाणु की संख्या = ऑक्सीजन परमाणु की वैलेन्सी × ऑक्सीजन परमाणु की संख्या।

इन्हीं तीन उदाहरणों से हम समतोल वजन के नियम को समझ सकेंगे।

दो मौलिक पदार्थों का उदाहरण लें। मान लीजिए एक का नाम A है, दूसरे का B। इन दोनों के यौगिक मिलन से जो पदार्थ बनेगा उसके प्रत्येक

अणु में एक या एक से ज्यादा A परमाणु और एक या एक से ज्यादा B परमाणु रहेंगे। ऐसे एक अणु की बात लें। उसमें A परमाणुओं की जो कुल वैलेन्सी होगी, B परमाणुओं की कुल वैलेन्सी वही होनी चाहिए। यानी A परमाणु की संख्या अगर 3 और वैलेन्सी 2 हो तो उनकी कुल वैलेन्सी होगी 3 × 2 =6। दूसरी ओर अगर B परमाणु की संख्या 2 हो तो उसकी वैलेन्सी 3 ही होनी चाहिए, नहीं तो कुल वैलेन्सी का हिसाब नहीं मिलेगा। इसलिए,

A परमाणु की संख्या × A परमाणु की वैलेन्सी = B परमाणु की संख्या × B परमाणु की वैलेन्सी।

अब अणु में A परमाणुओं का कुल वजन तथा B परमाणुओं का कुल वजन क्या होगा, इस पर गौर करें।

A परमाणुओं का वजन क्या होगा? A परमाणुओं की संख्या × A परमाणु का पारमाणविक वजन।

B परमाणुओं का वजन क्या होगा? B परमाणुओं की संख्या × B परमाणुओं का पारमाणविक वजन।

लेकिन अभी-अभी हमने देखा, पारमाणविक वजन = समतोल वजन × वैलेन्सी।

इसलिए,

इन A परमाणुओं का कुल वजन होगा = A परमाणुओं की संख्या × A परमाणु की वैलेन्सी × A परमाणु का समतोल वजन।

इसी तरह,

B परमाणुओं का कुल वजन होगा = B परमाणुओं की संख्या × B परमाणु की वैलेन्सी × B परमाणु का समतोल वजन।

अब भाग दें :

$$\frac{\text{A परमाणुओं का कुल वजन}}{\text{B परमाणुओं का कुल वजन}}$$

$$= \frac{\text{A परमाणुओं की संख्या} \times \text{वैलेन्सी} \times \text{समतोल वजन}}{\text{B परमाणुओं की संख्या} \times \text{वैलेन्सी} \times \text{समतोल वजन}}$$

लेकिन अभी-अभी हमने देखा,

A परमाणु की संख्या × वैलेन्सी = B परमाणु की संख्या × वैलेन्सी।

इसलिए खंडित संख्या के हिसाब से दोनों को काट-छाँटकर होगा :

$$\frac{\text{A परमाणु का कुल वजन}}{\text{B परमाणु का कुल वजन}} = \frac{\text{A परमाणु का समतोल वजन}}{\text{B परमाणु का समतोल वजन}}$$

अतएव, A और B नाम के दो मौलिक पदार्थ जब मिलते हों, तो वे अपने समतोल वजन के अनुपात में ही मिलने को मजबूर हैं। यौगिक मिलन का चौथा नियम यही था, जिसकी व्याख्या मिल गई।

और जलने वाली गैस, पानी तथा कार्बन डायोक्साइड के भी हिसाब साफ-साफ समझ में आ गए।

यौगिक मिलन के तीसरे नियम की व्याख्या

बहुत बार ऐसा देखा जाता है कि किसी एक मौलिक पदार्थ के परमाणु यौगिक मिलन के समय अपनी सारी वैलेन्सी को मानो काम में नहीं लाते—दो-एक हाथों को समेटे रहते हैं।

मसलन कार्बन परमाणुओं की बात ली जाए।

कार्बन परमाणु की वैलेन्सी है 4। कार्बन डायोक्साइड बनते वक्त सारी वैलेन्सी पूरी-पूरी काम आती है। चित्र देखिए

$$O = C = O$$

लेकिन कार्बन मोनोक्साइड के वक्त क्या होता है? एक कार्बन परमाणु एक ऑक्सीजन परमाणु से मिलता है। ऑक्सीजन की वैलेन्सी 2 है। मतलब यह निकला कि कार्बन परमाणु की सिर्फ दो वैलेन्सी यहाँ काम आती हैं, बाकी दो नहीं। इसलिए ऐसी कल्पना करने की जरूरत पड़ती है कि कार्बन परमाणु मानो अपने चार हाथों में से दो से ऑक्सीजन के दो हाथ पकड़े हुए है और उसके बाकी दो हाथ खुद ही एक-दूसरे को थामे हुए हैं। चित्र में

$$< C = O$$

यानी यहाँ कार्बन की वैलेन्सी सिर्फ 2 ठहरती है। लेकिन अगर यही हो तो ऐसे में कार्बन का समतोल वजन क्या होगा? हमें मालूम है कि समतोल वजन=परमाणु का वजन ÷ वैलेन्सी। कार्बन का पारमाणविक वजन है 12। अतएव यहाँ उसका समतोल वजन होगा 12 ÷ 2 = 6।

लेकिन जलने वाली गैस, कार्बन डायोक्साइड, आदि में हमने यह देखा है कि कार्बन का समतोल वजन 3 है। वास्तव में स्वाभाविक समतोल वजन उसका वही है, यद्यपि कार्बन मोनोक्साइड के वक्त पाते हैं कि उसका समतोल वजन दुगुना हो गया।

इसलिए,

कार्बन डायोक्साइड तैयार करते समय जिस वजन के ऑक्सीजन से जिस वजन में कार्बन मिलाना चाहिए, कार्बन मोनोक्साइड तैयार करते समय उसी वजन के ऑक्सीजन में कितना कार्बन मिलाना चाहिए? पहले जितना मिलाते थे, उसका दुगुना।

लेकिन वैलेन्सी की खंडित संख्या नहीं होती। वैलेन्सी के निष्क्रिय होने पर अगर समतोल वजन बढ़ता है, तो वह वजन भी पूर्ण संख्या के ही अनुपात में बढ़ेगा। यानी एक ही मौलिक पदार्थ के अलग-अलग समतोल वजनों का अनुपात भी पूर्णसंख्यक ही होगा।

यह था यौगिक मिलन का तीसरा नियम।

डाल्टन और एवोगाद्रो का प्रकल्पन

अब यह सोच देखें कि डाल्टन और एवोगाद्रो के आविष्कार युगान्तरकारी कैसे हैं। इनसे पहले रसायन विज्ञान केवल अनुभव से जानी हुई घटना-जैसा था; इससे उसे मिलाकर यह और वह चीज बनती है और पदार्थ इस नियम से मिलते हैं। लेकिन घटनाओं की कोई व्याख्या न थी। उस व्याख्या की राह पहले-पहल डाल्टन के आविष्कार ने ही दिखाई और उसे कैसे ठीक सुधारे बिना सही व्याख्या न मिलेगी, यह एवोगाद्रो ने बताया। आज रसायन विज्ञान से हम जो समझते हैं, वह समूचा इसी आविष्कार की बुनियाद पर खड़ा हुआ।

संकेत, समीकरण और फार्मूला

अब तक हम मौलिक पदार्थों का पूरा नाम लेते रहे हैं—हाइड्रोजन, ऑक्सीजन, कार्बन, नाइट्रोजन आदि। लेकिन रसायनविज्ञानी आमतौर से इनके पूरे नामों का व्यवहार नहीं करते। बार-बार उतना बड़ा नाम लेने में कठिनाई होती है। इसलिए बड़े नामों के छोटे-छोटे संकेत-चिन्ह बना लिए गए हैं। जैसे हाइड्रोजन के लिए H। H यानी हाइड्रोजन या हाइड्रोजन का एक परमाणु भी। इसी तरह ऑक्सीजन का सांकेतिक चिन्ह है O, कार्बन का C, नाइट्रोजन का N।

पदार्थों के अंग्रेजी नाम के पहले अक्षर से ही ज्यादातर ये चिन्ह बनाए गए हैं। जैसे, हाइड्रोजन का H। लेकिन कई-कई पदार्थों के अंग्रेजी नाम एक ही अक्षर से शुरू हैं, जैसे कार्बन (Carbon), क्लोरीन (Chlorine), कैल्शियम (Calcium), कैडमियम (Cadmium) आदि। ये सब C से शुरू हुए हैं। इसलिए सबको C कहने से काम कैसे चले? इनका फर्क मालूम होना चाहिए। अतएव सिर्फ कार्बन के लिए ही C चिन्ह का उपयोग होता है, बाकी को दो अक्षरों में बताने का तरीका अपनाया गया है। Chlorine=Cl, Calcium=Ca, Cadmium=Cd, आदि-आदि।

इन चिन्हों के बारे में और एक बात जानना जरूरी है कि सारे मौलिक पदार्थों के नाम अंग्रेजी में ही नहीं हैं। कुछ नाम लैटिन भाषा से उधार लिए हुए हैं, जैसे सोना। सोना का अंग्रेजी है Gold, लैटिन है Aurum। लोहे की अंग्रेजी Iron, लैटिन Ferrum। सोडियम की अंग्रेजी Sodium, लैटिन Natrium इत्यादि। रसायन विज्ञान में इन मौलिक पदार्थों के अंग्रेजी नाम के बजाय लैटिन नाम ही व्यवहार में लाए जाते हैं। लिहाजा इनके सांकेतिक

चिन्ह, लैटिन नाम से ही लिए गए हैं। जैसे सोना=Au, लोहा=Fe, सोडियम=Na आदि-आदि।

तो अब कुल जो 92 मौलिक पदार्थ हैं, उनकी एक तालिका तैयार कर लें और उसी में सबके सांकेतिक चिन्ह, पारमाणविक वजन और वैलेन्सी लिख लें। यह तालिका आगे बड़े काम की साबित होगी।

मौलिक पदार्थों की तालिका

नोट—ठीक-ठीक हिसाब में, हाइड्रोजन परमाणु के वजन को 1 मानें, तो ऑक्सीजन परमाणु का वजन 15.87 होगा, यानी 16 से कुछ कम। या ऑक्सीजन को 16 मानें तो हाइड्रोजन का ठीक-ठीक वजन होगा 1.008। लेकिन अन्तर्राष्ट्रीय नियम के अनुसार ऑक्सीजन के वजन को पूर्णसंख्यक 16 मानकर (यानी हाइड्रोजन का वजन 1 कहकर—असल में 1.008 मानकर ही) और-और पदार्थों के परमाणु का जो वजन होता है, वही हिसाब माना जाता है। यहाँ वही हिसाब माना गया है।

पदार्थ का नाम	सांकेतिक नाम	पारमाणविक वजन	वैलेन्सी
ऐक्टीनियम (Actinium)	Ac	227.0	3
ऐल्युमिनियम (Aluminium)	Al	26.98	3
ऐन्टीमनी (Antimony) *Stibium*	Sb	121.76	3,5
आरगन (Argon)	A	39.94	0
आर्सेनिक (संखिया) (Arsenic)	As	74.91	3,5
ऐस्टेटाइन (Astatine)	At	210.0	1
बेरियम (Barium)	Ba	137.36	2
बेरीलियम (Berrilium)	Be	9.0	2
बिसमथ (Bismuth)	Bi	209.0	3
बोरोन (Boron)	B	10.82	3
ब्रोमीन (Bromine)	Br	79.92	1,3,5,7

पदार्थ का नाम	सांकेतिक नाम	पारमाणविक वजन	वैलेन्सी
कैडमियम (Cadmium)	Cd	112.41	2
कैल्शियम (Calcium)	Ca	40.08	2
कार्बन (Carbon)	C	12.01	4
केरियम (Carium)	Ce	140.13	3
केसियम (Casium)	Cs	132.9	1
क्लोरीन (Chlorine)	Cl	35.45	1,3,5,7
क्रोमियम (Chromium)	Cr	52.0	2,3,6
कोबाल्ट (Cobalt)	Co	58.94	2,3
कोलंबियम (Columbium)	Cb	92.92	5
कॉपर (ताँबा) (Copper) *Cuprum*	Cu	63.57	1,2
डिसप्रोज़ियम (Dysprosium)	Dy	162.46	2,3
इरबियम (Erbium)	Er	167.2	3
यूरोपियम (Europium)	Eu	152.0	3
फ्लोरीन (Flourine)	F	19.0	1
फ्रांसियम (Francium)	Fr	223.0	1
गैडोलिनियम (Gadolinium)	Gd	156.9	3
गैलियम (Gallium)	Ga	69.72	3
जर्मेनियम (Germanium)	Ge	72.60	4
गोल्ड (सोना) (Gold) *Aurum*	Au	197.2	1,3
हैफ्नियम (Hafnium)	Hf	178.6	4
हिलियम (Helium)	He	4.003	0
होलमियम (Holmium)	Ho	164.9	3
हाइड्रोजन (Hydrogen)	H	1.008	1

पदार्थ का नाम	सांकेतिक नाम	पारमाणविक वजन	वैलेन्सी
इन्डियम (Indium)	In	114.76	3
आयोडीन (Iodine)	I	126.91	1,3,5,7
इरीडियम (Iridium)	Ir	193.1	2,3
आइरन (लोहा) (Iron) *Ferrum*	Fe	55.85	2,3
क्रिप्टॉन (Krypton)	Kr	83.80	0
लैनथूनम (Lanthunam)	La	138.92	3
लेड (सीसा) (Lead) *Plumbum*	Pb	207.21	2,4
लिथियम (Lithium)	Li	6.94	1
लूटेसियम (Lutecium)	Lu	174.99	3
मैग्नेसियम (Magnasium)	Mg	24.32	2
मैंगनीज़ (Manganese)	Mn	54.93	2,3,4,6,7
मरकरी (पारा) (Murcury) *Hydrargyrum*	Hg	200.6	1,2
मोलीब्डेनम (Molybdenum)	Mo	95.95	2,3
नीओडीमियम (Neodymium)	Nd	144.27	3
नियोन (Neon)	Ne	20.18	0
निकल (Nickel)	Ni	58.69	2,3
नाइट्रोजन (Nitrogen)	N	14.01	1,2,3,4,5
ऑसमियम (Osmium)	Os	190.2	2,8
ऑक्सीजन (Oxygen)	O	16.00	2
पलाडियम (Palladium)	Pd	106.7	2,3
फास्फोरस (Phosphorus)	P	30.98	3,5

पदार्थ का नाम	सांकेतिक नाम	पारमाणविक वजन	वैलेन्सी
प्लैटिनम (Platinum)	Pt	195.23	2,3
पोलोनियम (Polonium)	Po	210.0	2
पोटैशियम (Potassium) *Kalium*	K	39.1	1
प्रासेक्डीमियम (Prasecdymium)	Pr	140.92	3
प्रोमीथियम (Promethium)	Pm	145.0	3
प्रोटोऐक्टीनियम (Protoactinium)	Pa	231.0	3
रेडियम (Radium)	Ra	226.05	2
रेडॉन (Radon)	Rn	222.0	0
रीनियम (Rhenium)	Re	186.31	2,3
रोडियम (Rhodium)	Rh	102.01	2,3
रुबीडियम (Rubidium)	Rb	85.48	1
रूथेनियम (Ruthenium)	Ru	101.7	2,3
समैरियम (Samarium)	Sm	150.43	3
स्कैन्डियम (Scandium)	Sc	44.96	3
सीलिनियम (Selenium)	Se	78.96	2
सिलीकन (Silicon)	Si	28.09	4
सिल्वर (चाँदी) (Silver) *Argentum*	Ag	107.88	1
सोडियम (Sodium) *Natrium*	Na	22.98	1
स्ट्रोनटियम (Strontium)	Sr	87.63	2
सल्फर (गन्धक) (Sulphur)	S	32.06	2,4,6
टैन्टेलम (Tantalum)	Ta	180.88	5
टेक्नीटिनम (Technetinum)	Tc	99.0	2,3
टेलूरियम (Tellurium)	Te	127.61	2
टरबियम (Terbium)	Tb	159.2	3
थैलियम (Thallium)	Tl	204.39	3

पदार्थ का नाम	सांकेतिक नाम	पारमाणविक वजन	वैलेन्सी
थोरियम (Thorium)	Th	232.12	4
थूलियम (Thulium)	Tm	169.4	3
टिन (Tin) *Stannum*	Sn	118.70	2,4
टिटेनियम (Titanium) *Wolfram*	Ti	47.90	4
टंगस्टन (Tungsten)	W	183.92	2,3
यूरेनियम (Uranium)	U	238.07	2
वेनेडियम (Vandium)	V	50.95	5
ज़ीनन (Xenon)	Xe	131.3	0
तेरबियम (Ytterbium)	Yb	173.04	3
त्रियम (Yttrium)	Y	88.92	3
ज़िन्क (जस्ता) (Zinc)	Zn	65.38	2
जिरकोनियम (Zirconium)	Zr	91.22	4

इटैलिक्स में दिये गए नाम लेटिन के हैं।

रासायनिक फार्मूला

हाइड्रोजन को लें। इसका संकेत-चिन्ह H है। इसका एक अणु कैसे बना है? दो परमाणु से। प्रत्येक परमाणु की वैलेन्सी=1। इसलिए चित्र में इसे यों बनाया था :

H————————H

इसे हम हाइड्रोजन का अणुचित्र कहेंगे। लेकिन इसे और भी संक्षेप में लिखा जा सकता है H_2; यानी H+H। मतलब हुआ कि दो हाइड्रोजन-परमाणु से हाइड्रोजन-अणु गठित हुआ है। इस तरह संक्षेप में हाइड्रोजन का जो

वर्णन है, उसी को हाइड्रोजन का रासायनिक फार्मूला कहते हैं।

ऑक्सीजन का रासायनिक फार्मूला है O_2। इसका मतलब यह कि ऑक्सीजन का एक अणु दो ऑक्सीजन परमाणु का बना है। इसी तरह नाइट्रोजन का फार्मूला है N_2; क्लोरीन का है Cl_2।

जो उदाहरण दिए गए हैं, वे सब-के-सब मौलिक पदार्थ हैं। गैस के रूप में मिले ज्यादातर मौलिक पदार्थों के अणु यद्यपि इसी तरह दो परमाणु से बने हैं, फिर भी सभी मौलिक गैसों पर यह बात लागू नहीं होती। जैसे inert gas या निकम्मी गैसें। इनके अणु एक ही परमाणु से बने हैं। जैसे, He (हिलियम), A (आर्गन), Ne (नियन) आदि।

इसी तरह हर कठिन मौलिक पदार्थ के अणु भी एक ही परमाणु से गठित होते हैं। जैसे Au (सोना), C (कार्बन), Ag (चाँदी), Fe (लोहा) आदि।

ऐसे भी मौलिक पदार्थ हैं, जिनके अणु 3 परमाणुओं से बने हैं। किसी-किसी के 4 परमाणु से, लेकिन उनके उदाहरण कुछ पेचीदा हैं। इसलिए यहाँ उनका जिक्र न करना ही बेहतर है।

अब यौगिक पदार्थों के अणु की बात विचार देखें!

जैसे, पानी। इसका एक अणु दो हाइड्रोजन परमाणु+एक ऑक्सीजन परमाणु से बना है। इसका अणुचित्र है :

H————O————H

इसका फार्मूला लिखना हो तो क्या होगा?

H_2O, यानी दो हाइड्रोजन परमाणु+एक ऑक्सीजन परमाणु।

इसी तरह सोडियम क्लोराइड (नमक) का रासायनिक फार्मूला होगा NaCl–यानी एक सोडियम परमाणु (Na) + एक क्लोरीन परमाणु (Cl) से सोडियम क्लोराइड का अणु तैयार होता है।

और, जलने वाली गैस का फार्मूला? CH_4–अर्थात् उनका प्रत्येक अणु है = 1 कार्बन परमाणु + 4 हाइड्रोजन-परमाणु।

इसी प्रकार H_2SO_4 किसका रासायनिक फार्मूला होगा? यह फार्मूला ऐसे किसी यौगिक पदार्थ का होगा, जिसका अणु = 2 हाइड्रोजन परमाणु + 1 सल्फर परमाणु + 4 ऑक्सीजन परमाणु का होगा।

अब यह देखें कि किसी पदार्थ के एक से ज्यादा अणु को समझने का

फार्मूला कैसे लिखा जाता है।

हाइड्रोजन के एक अणु के लिए लिखते हैं H_2, अर्थात दो हाइड्रोजन परमाणु का एक अणु, वैसे ही ऑक्सीजन अणु=O_2, क्योंकि 2 ऑक्सीजन परमाणु का एक ऑक्सीजन अणु होता है।

लेकिन लिखकर हाइड्रोजन का दो अणु कैसे बताएँ? $2H_2$। ऐसे ही ऑक्सीजन का दो अणु = $2O_2$ आदि-आदि।

रासायनिक परिवर्तन और रासायनिक समीकरण

अब यह देख लें कि रासायनिक समीकरण (Equation) की मदद से हम रासायनिक परिवर्तन को कैसे समझ सकते हैं। कुछ उदाहरण लें :

$$H_2O=H_2+O$$

यहाँ यह "=" (बराबर का) चिन्ह न देकर यह "→" चिन्ह भी दे सकते हैं। जैसे,

$$H_20\rightarrow H_2+O$$

इससे यह मालूम हुआ कि पानी के विश्लेषण (analysis) से कौन से मौलिक पदार्थ मिलते हैं। फिर कौन-कौन से मौलिक पदार्थ के संश्लेषण (Synthesis) से पानी बनता है, यह बताने के लिए लिखना पड़ेगा :

$$H_2+O\rightarrow H_2O$$

इन दो तरह के परिवर्तनों (विश्लेषण और संश्लेषण) को एक साथ बताने के लिए लिखा जाएगा :

$$H_2+O \rightleftarrows H_2O$$

इसी तरह

$$Na+Cl \rightleftarrows NaCl$$

$$Cu+S \leftrightarrows CuS \text{ (कापर सल्फाइड)}$$

ये हैं रासायनिक समीकरण के कुछ नमूने।

समीकरण के हिसाब से यों लिखने की सुविधा क्या है? सुविधा बहुत है। एक सहूलियत बताएँ।

परमाणुओं के पारमाणविक वजन (atomic weight) हम जान चुके हैं। अगर वह याद हो तो इन समीकरणों से ही हम हिसाब जान सकते हैं

कि कितने-कितने और किस-किस वजन के मौलिक पदार्थों से हमें किस वजन का यौगिक पदार्थ मिलेगा। नमूने के तौर पर कापर सल्फाइड (Copper sulphide) को लें। उसका समीकरण है :

$$Cu+S \rightarrow CuS$$

हमें पता है कि Cu का पारमाणविक वजन 63.5 और S का पारमाणविक वजन 32.0 है। तो इस समीकरण के साथ इन संख्याओं को रखें :

$$Cu+S \rightarrow CuS$$
$$63.5+32.0=95.5$$

बस, इस पर से हम आसानी से बता सकते हैं कि 63.5 ग्राम कापर (Cu) में 32.0 ग्राम सल्फर (S) मिलाएँ तो 95.5 ग्राम कापर सल्फाइड तैयार होगा।

इसी प्रकार

$$Na+Cl \rightarrow NaCl$$
$$23.0+35.5 \rightarrow 58.5$$

यानी 23.0 ग्राम सोडियम (Na) में 35.5 ग्राम क्लोरीन (Cl) मिलाने से 58.5 ग्राम सोडियम क्लोराइड मिलेगा। या

$$H_2+O \rightarrow H_2O$$
$$2\ (=1 \times 2)+16 \rightarrow 18$$

अर्थात् 2 ग्राम हाइड्रोजन में 16 ग्राम ऑक्सीजन मिलाने से 18 ग्राम पानी तैयार होगा।

लेकिन एक बात। इस पानी के नमूने पर ही जरा गौर करें। हाइड्रोजन और ऑक्सीजन से ही पानी बनता है, परन्तु ये दोनों ही मौलिक पदार्थ अणु की समष्टि के रूप में होते हैं। दोनों के एक-एक अणु दो-दो परमाणु से गठित हैं। लिहाजा ऊपर जिस रूप में परमाणुओं का हिसाब बताकर रासायनिक परिवर्तन का समीकरण बताया गया है, अगर ठीक वैसे ही लिखा जाए तो अणु के हिसाब में खंडित संख्या आएगी। कहना पड़ेगा : एक हाइड्रोजन अणु+आधा ऑक्सीजन अणु→एक जल-अणु।

ऐसे में सवाल यह उठता है कि अणु के हिसाब में इस खंडित संख्या को कैसे हटाएँ। हल इसका बड़ा आसान है। सब-कुछ को दुगुना कर

दीजिए, खंडित संख्या नहीं आएगी।

दो हाइड्रोजन अणु+एक ऑक्सीजन अणु→दो पानी का अणु।

समीकरण में इसे कैसे लिखेंगे? लिखेंगे :

$$2H_2+O_2 \rightarrow 2H_2O$$

और सोडियम क्लोराइड के समीकरण को कैसे लिखना ठीक होगा?

$$2Na+Cl_2 \rightarrow 2NaCl$$

आप जरूर यह पूछेंगे कि सोडियम के वक्त Na_2 न लिखकर 2Na क्यों लिखा गया? इसलिए कि सोडियम का प्रत्येक अणु एक-ही-एक परमाणु का बना होता है। इसलिए सोडियम का दो अणु बताने के लिए 2Na लिखा; जैसे हाइड्रोजन के दो अणु के लिए $2H_2$ (एक-एक अणु=H_2) लिखा था। लेकिन क्लोरीन के दो परमाणु का एक अणु होता है; अतएव 2Cl की जगह Cl_2 लिखना पड़ा।

अब हम समझ सकते हैं कि कापर सल्फाइड के समीकरण को इस नए तरीके से लिखने की ज़रूरत क्यों नहीं है। कापर (Cu) और सल्फर (S) दोनों का एक-एक अणु=एक-एक परमाणु। सो अणु की खंडित संख्या की यहाँ बात ही नहीं आती।

संक्षेप में, ऊपर बताए गए तीन समीकरणों को यों लिखेंगे :

(1) $Cu+S \rightarrow CuS$

(2) $2Na+Cl_2 \rightarrow 2NaCl$

(3) $2H+O_2 \rightarrow 2H_2O$

ऐसे ही कुछ और समीकरणों के नमूने :

(4) $H_2 + Cl_2 \rightarrow 2HCl$ (हाइड्रोक्लोरिक एसिड)

(5) $N_2 + 3H_2 \rightarrow 2NH_3$ (अमोनिया)

(6) $C+2H_2 \rightarrow CH_4$ (जलनेवाली गैस)

यौगिक पदार्थों का नामकरण

नमक या Salt न कहकर सोडियम क्लोराइड क्यों कहा गया? यह क्या सिर्फ एक भारी-भरकम शब्द इस्तेमाल करने की जिद है? नहीं। वास्तव में ये नाम बहुत सोच-विचारकर ही रखे गए हैं, ताकि नामों से ही यौगिक

पदार्थों का फार्मूला कहा जा सके। कुछ ही नाम ऐसे हैं, जिनमें यह बात नहीं लागू होती। उनकी चर्चा फिर करेंगे।

पहले यह देखें कि यौगिक पदार्थों के नाम किन-किन नियमों से रखे जाते हैं।

कितने मौलिक पदार्थों के मिलने से एक-एक यौगिक पदार्थ बनता है? इसका कोई नपा-तुला नियम नहीं है। कोई-कोई यौगिक पदार्थ दो मौलिक पदार्थों से बनता है, कोई-कोई उससे ज्यादा से।

पहले दो मौलिक पदार्थों से बनने वाले यौगिक पदार्थों के नमूने देखें। ऐसे यौगिक पदार्थों को binary compound कहते हैं। bi के मानी हैं दो।

ऐसी हालत में मिलने वाले दो पदार्थों में एक तो होता है धातु, दूसरा अ-धातु। इसलिए इनका नाम रखने में पहले धातु का नाम, उसके बाद अ-धातु के नाम का पहला हिस्सा फिर आइड (ide) प्रत्यय लगाया जाता है। जैसे,

सोडियम क्लोराइड (Sodium Chloride)–$NaCl$
मैग्नेसियम ऑक्साइड (Magnesium Oxide)–MgO
ज़िंक ऑक्साइड (Zinc Oxide)–ZnO
ऐल्युमिनियम क्लोराइड (Aluminium Chloride)–$AlCl_3$
पोटासियम आयोडाइड (Potassium Iodide)–Kl
कैल्शियम क्लोराइड (Calcium Chloride)–$CaCl_2$
कापर सल्फाइड (Copper Sulphide)–CuS

नामों के साथ ही रासायनिक फार्मूले भी दिए गए हैं। लेकिन इस पर कुछ सवाल उठ सकते हैं। दो नमूनों पर ध्यान दें–मैग्नेसियम ऑक्साइड और ऐल्युमिनियम क्लोराइड। पहले का फारमूला है MgO; दूसरे का $AlCl_3$। आप पूछ सकते हैं आखिर Cl_3 क्यों लिखा? यह कैसे जाना गया कि ऐल्युमिनियम क्लोराइड के प्रत्येक अणु में 3-3 क्लोरीन-परमाणु होंगे? या यही कैसे मालूम हुआ कि मैग्नेसियम ऑक्साइड के प्रति अणु में सिर्फ एक-एक ऑक्सीजन-अणु होगा?

मैग्नेसियम और ऐल्युमिनियम की वैलेन्सी याद रहे तो इसका जवाब आसानी से मिल सकता है। Mg की वैलेन्सी 2 है, तो 1 Mg परमाणु में कितने O परमाणु मिल सकते हैं? केवल 1, क्योंकि O की वैलेन्सी भी 2 ही है।

लेकिन Al की वैलेन्सी 3 है; और दूसरी तरफ Cl की वैलेन्सी है 1। ऐसे में एक Al परमाणु से 3 Cl परमाणु मिल सकते हैं। इसलिए लिखा गया $AlCl_3$।

चित्र में यह इस प्रकार दिखाया जाएगा :

मैग्नेसियम ऑक्साइड → Mg═══O

लेकिन ऐल्युमिनियम क्लोराइड का चित्र और भी टेढ़ा होगा :

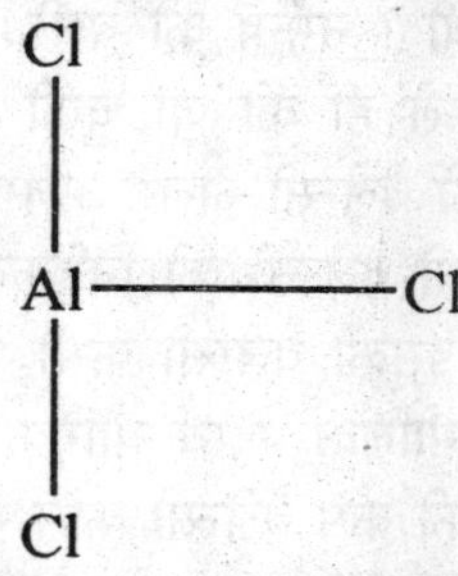

ठीक इसी तरह कैल्शियम क्लोराइड का फार्मूला लिखना पड़ा $CaCl_2$। इसलिए कि Ca की वैलेन्सी है 2; Cl की 1।

चित्र होगा :

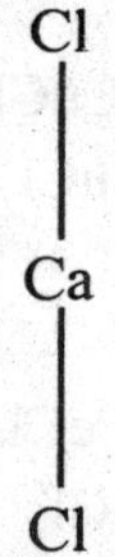

ऊपर जिन यौगिक पदार्थों के बारे में कहा गया, उनके उपादानों में एक धातु, दूसरा अ-धातु है। कहीं दोनों ही अ-धातु होते तो? तो इस नियम का कुछ उलट-फेर होता, क्योंकि ऐसे पदार्थों के लिए नए रासायनिक नाम देने के बजाय उनके चलते नामों को ही अपना लेने का रिवाज-सा हो गया है। जैसे H_2O—इसे आमतौर से 'जल' ही कहते हैं। या CH_4—इसे साधारणतया जलने वाली गैस या मीथेन (Methane) कहते हैं। लेकिन जिनके चालू नामों का रिवाज नहीं, उनका क्या होगा? उनके दो उपादानों

में से एक अगर हाइड्रोजन हो तो उनका नाम हाइड्रोजन से ही रखा जाएगा। इसके अतिरिक्त नियम तो यह है कि सारे बाइनरी कम्पाउंडों (binary compounds=दो उपादानों का यौगिक पदार्थ) के नाम, अन्त में आइड (ide) लगाकर बनाए जाते हैं।

जैसे, H_2S। इसका नाम होगा हाइड्रोजन सल्फाइड (Hydrogen Sulphide)।

अब कुछ पेचीदा नमूनों की बारी।

यह चर्चा पहले ही की जा चुकी है कि खास-खास परिस्थितियों में मौलिक पदार्थों की वैलेन्सी अलग-अलग होती हैं, यानी कहीं-कहीं मौलिक पदार्थ अपनी किसी वैलेन्सी को निष्क्रिय सी किए रहते हैं। नमूने के तौर पर, लोहा–Fe। इसकी वैलेन्सी कभी 2 तो कभी 3 होती है। नियम यह है कि जब कोई मौलिक पदार्थ यौगिक पदार्थ का उपादान बनता है और वैसी दशा में उसकी कम वैलेन्सी काम में आती है, तो उसके नाम के साथ अस (ous) प्रत्यय जोड़ा जाता है; जहाँ उसकी ज्यादा वैलेन्सी व्यवहार में आती है, वहाँ नाम के पीछे 'इक' (ic) जोड़ा जाता है। कुछ उदाहरण देखें,

ताँबा (Cuprum=Cu)

वैलेन्सी

1 Cuprous chloride—CuCl

2 Cupric Chloride—$CuCl_2$

लोहा (Ferrum=Fe)

वैलेन्सी

2 Ferrous Chloride—$FeCl_2$

3 Ferric Chloride—$FeCl_3$

टिन (Stannum=Sn)

वैलेन्सी

2 Stannous Chloride—$SnCl_2$

4 Stannic Chloride—$SnCl_4$

लेकिन इस नियम को भी सभी नमूनों पर लागू नहीं किया जा सकता। क्योंकि ऐसे भी दृष्टान्त हैं, जहाँ केवल दो उपादान–दो मौलिक पदार्थ–अलग-अलग अनुपात में मिल कर दो से ज्यादा यौगिक पदार्थ बनाते

हैं। अगर दो ही यौगिक पदार्थ होते तो कम वैलेन्सी में ous और ज्यादा में ic प्रत्यय लगाने से ही काम चल जाता। लिहाजा सवाल यह उठता है कि जहाँ दो से ज्यादा यौगिक पदार्थ बनते हैं, वहाँ किस नियम से उनका नामकरण होगा? इस अवस्था में दो उपादानों में से जिस मौलिक पदार्थ के परमाणु की संख्या बढ़ती जाएगी, उसी के नाम से आगे 'डाइ' (di, यानी दो), ट्राई (Tri, यानी तीन), टेट्रा (tetra, यानी चार) पर (per, यानी अनेक) आदि शब्दों के सहारे परमाणुओं की संख्या बताई जाएगी। जैसे :

नाइट्रोजन

वैलेन्सी	नाम	फार्मूला
1	नाइट्रस ऑक्साइड	N_2O
2	नाइट्रिक ऑक्साइड	NO
3	नाइट्रोजन ट्रायोक्साइड	N_2O_3
4	नाइट्रोजन टेट्रोक्साइड (या परोक्साइड)	NO_2
5	नाइट्रोजन पेन्टोक्साइड	N_2O_5

कार्बन

1	कार्बन मोनोक्साइड	CO
2	कार्बन डायोक्साइड	CO_2

सल्फर

4	सल्फर डायोक्साइड	SO_2
6	सल्फर ट्रायोक्साइड	SO_3

फासफोरस

3	फासफोरस ट्राइक्लोराइड	PCl_3
5	फासफोरस पेन्टाक्लोराइड	PCl_4

पर (Per) या अनेक से नामकरण के कुछ और भी नमूने :

हाइड्रोजन परोक्साइड H_2O_2, क्योंकि इसमें H_2O या पानी से ज्यादा O है।

सोडियम परोक्साइड→Na_2O_2 (हालाँकि सोडियम मोनोक्साइड है→Na_2O)

नामकरण का एक तरीका और है। मगर उससे पहले संक्षेप में एसिड

(Acid) की चर्चा कर लेना जरूरी है। सभी एसिड यौगिक पदार्थ हैं; उनका एक उपादान है हाइड्रोजन, दूसरा अ-धातु (non-metal)। एसिड के तीन लक्षण हैं। पहला—स्वाद में खट्टा। दूसरा—लिटमस (litmus) नाम का एक नीला यौगिक पदार्थ उसमें मिलाने से उसका रंग बदल जाता है। तीसरा—आमतौर से एसिड में कोई धातु डालने से उसमें का हाइड्रोजन अलग होकर निकलता जाता है।

एसिड दो तरह के हैं :

(1) हाइड्रोजन + कोई अ-धातु।

(2) हाइड्रोजन + ऑक्सीजन + कोई अ-धातु।

हाइड्रा-एसिड (Hydra-Acids) के नमूने :

HCl → हाइड्रोक्लोरिक एसिड (Hydrochloric Acid)

HBr → हाइड्रोब्रोमिक एसिड (Hydrobromic Acid)

HI → हाइड्रो आयोडिक एसिड (Hydroiodic Acid)

इनके नामकरण में कौन-सा तरीका अपनाया गया? पहले हाइड्रो (Hydro) और बाद में इक (ic) लगाया गया। यही तरीका है।

अब ऑक्सी-एसिड (Oxy-Acids) के कुछ नमूने लें। इससे पहले याद रखिए :

(1) ऑक्सीजन वाले बाइनरी कम्पाउण्डों को ऑक्साइड कहते हैं।

(2) यह एसिड पानी और अ-धातु के ऑक्साइड के रासायनिक मिलन से बनता है। नमूना देखिए :

$H_2O + SO_2 \rightarrow H_2SO_3$ सल्फ्यूरस एसिड (Sulphurous Acid)

$H_2O + SO_2 \rightarrow H_2SO_4$ सल्फ्यूरिक एसिड (Sulphuric Acid)

इसमें नामकरण का कौन-सा तरीका अपनाया गया? ऑक्सीजन कम हो तो नाम में ous और ज्यादा हो तो ic जोड़ा जाएगा।

साल्ट या नमकों का नामकरण

रसायन विज्ञान में साल्ट (Salt) या नमक शब्द खास अर्थ में इस्तेमाल होता है। अभी-अभी हम कह आए हैं कि एसिड में कोई धातु डालने से हाइड्रोजन अलग होकर निकल जाता है। फिर क्या होता है? उस एसिड के अणु से

जब हाइड्रोजन के परमाणु निकल जाते हैं, तो उस खाली जगह में उस धातु के परमाणु कब्जा कर लेते हैं। यों कहें कि धातु के परमाणु हाइड्रोजन परमाणुओं को भगाकर खुद उनकी जगह पर कब्जा जमा लेते हैं। इस तरह हाइड्रोजन के हट जाने पर नए ढंग का जो यौगिक पदार्थ बनता है, उसे उस एसिड का नमक या साल्ट कहते हैं। उदाहरण :

Na	+	HCl	→	NaCl	+	H
(धातु)		(एसिड)		(नमक)		(अलग हुआ हाइड्रोजन)

ऐसे में मुक्त हाइड्रोजन के आधे अणु को मान लेना पड़ता है; सो सबको दो से गुणा कर दें :

$2Na + 2HCl \rightarrow NaCl + H_2$

एक उदाहरण और

Ca	+	2HCl	→	$CaCl_2$	+	H_2
(धातु)		(एसिड)		(नमक)		(मुक्त हाइड्रोजन)

इस ढंग से मिलने वाले नमकों के नामकरण में कोई खासियत नहीं। बाइनरी कम्पाउंडों में जैसा होता है, वैसा ही इसमें भी है।

लेकिन जो नमक ऑक्सी-एसिड से मिलते हैं, उनके नामकरण में और बात है।

$H_2SO_3 \rightarrow$ सल्फ्यूरस एसिड $+ 2Na \rightarrow Na_2SO_3$ (सोडियम सल्फाइट) $+ H_2$

$H_2SO_4 \rightarrow$ सल्फ्यूरिक एसिड $+ Zn \rightarrow ZnSO_4$ (ज़िंक सल्फेट) $+ H_2$

इसलिए, जिन यौगिक पदार्थों में SO_4 है, उन्हें कहेंगे सल्फेट (Sulphate); और जिनमें SO_3 है, उन्हें कहेंगे सल्फाइट (Sulphite)।

और-और एसिडों से मिलने वाले नमकों के नाम भी इसी तरीके से रखे जाएँगे। जैसे

SO_4—Sulphate (सल्फेट)

SO_3—Sulphite (सल्फाइट)

HSO_4—Bisulphate (बाइसल्फेट)

HSO_3—Bisulphite (बाइसल्फाइट)

NO_2—Nitrite (नाइट्राइट)

NO_3—Nitrate (नाइट्रेट)

PO_2—Phosphite (फास्फाइट)

PO_4—Phosphate (फास्फेट)

CO_3—Carbonate (कार्बोनेट)

HCO_3—Bicarbonate (बाइकार्बोनेट)

ClO_3—Chlorate (क्लोरेट)

और, जिन यौगिक पदार्थों में HO रहता है, उनके नामकरण में हाइड्रोक्साइड का व्यवहार होता है। जैसे,

NaOH—Sodium Hydroxide (सोडियम हाइड्रोक्साइड)

रैडिकल क्या है?

सल्फेट किसे कहते हैं? जिस यौगिक पदार्थ में SO_4 होता है। जैसे,

$ZnSO_4$

Na_2SO_4

$CaSO_4$

सल्फेट मिला कैसे था? H_2SO_4 (सल्फ्यूरिक एसिड) में से H_2 (हाइड्रोजन) हटाकर उसकी जगह धातु का परमाणु (Zn, Na आदि) मिलाकर। जैसे,

$$Zn + H_2SO_4 \rightarrow ZnSO_4 + H_2$$

इन नमूनों में हम SO_4 को हर समय साथ देख रहे हैं—भिन्न-भिन्न यौगिक पदार्थों में SO_4 समान रूप से मौजूद है। ऐसी परमाणु-गोष्ठी को रैडिकल कहते हैं। एक और रैडिकल का नमूना :

$Cu(NO_3)_2$—क्यूप्रिक नाइट्रेट

$NaNO_3$—सोडियम नाइट्रेट

$Fe(NO_3)_2$—फैरस नाइट्रेट

$Fe(NO_3)_3$—फैरिक नाइट्रेट

नाइट्रिक एसिड (HNO_3) से हाइड्रोजन-परमाणु हटा कर धातु-परमाणु बिठाकर ये यौगिक पदार्थ पाए गए थे। इन नमूनों में NO_3 सदा साथ है, लिहाजा इसे एक रैडिकल कहेंगे।

सवाल उठ सकता है कि $(No_3)_2$ क्यों कहा गया? असल में इस परमाणु में N_2 और O_6 है, तो फिर N_2O_6 कहना ठीक नहीं होता? बेशक ऐसा कहना भी गलत नहीं होता, लेकिन पहले ढंग से कहने में सुविधा है। चूँकि हर रैडिकल की अपनी अलग वैलेन्सी होती है, इसीलिए वैसा लिखना अच्छा है। इसे जरा और अच्छी तरह समझने की कोशिश करें। पहले SO_4 की बात लें। यहाँ S की वैलेन्सी 6 और O_4 की वैलेन्सी 8 है। इस तरह O_4 की कुल 8 वैलेन्सी से S की 6 वैलेन्सी मिले तो O की 2 और वैलेन्सी बच रहती है। वही 2 होगी SO_4 नाम के रैडिकल की वैलेन्सी।

यद्यपि यह याद रखना जरूरी है कि अणु के तौर पर रैडिकल का अलग अस्तित्व नहीं है; इसका चित्र होगा :

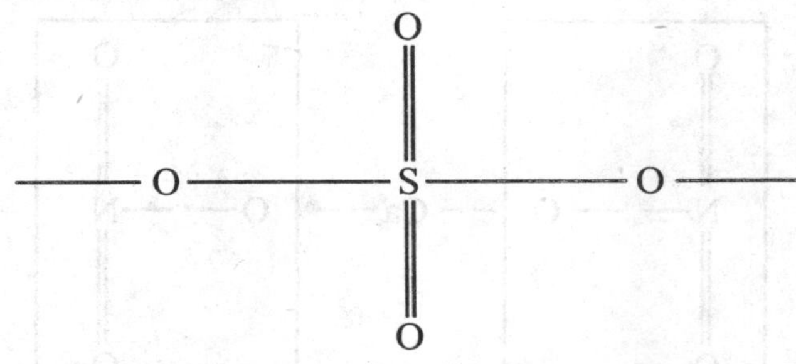

ऐसे ही NO_3 की बात लें। N की वैलेन्सी 5; O की 2; इसलिए O_3 की हुई 6। इसलिए N की 5 वैलेन्सी से O_3 की 6 वैलेन्सियों में से 5 वैलेन्सियों के मिलने पर O की 1 वैलेन्सी बाकी बच जाती है। वही 1 होगी NO_3 नाम के रैडिकल की वैलेन्सी। चित्र यों होगा :

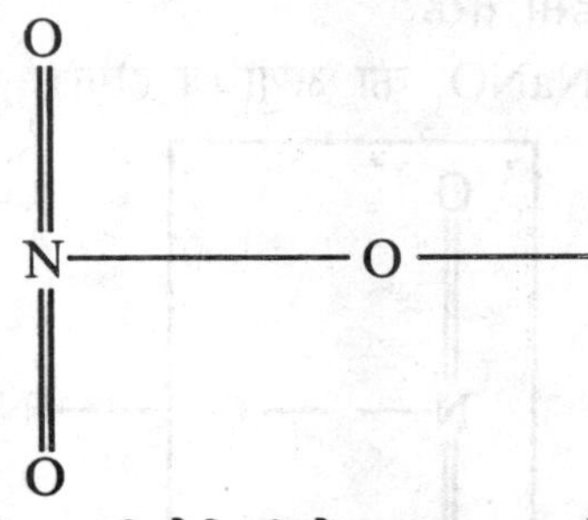

मतलब यह कि हर रैडिकल की अपनी वैलेन्सी है। अब तक जो नमूने हमने दिखाए हैं, उनमें नीचे लिखे रैडिकलों का परिचय था :

SO_4, HSO_4, SO_3, HSO_3, NO_2, NO_3, CO_3, HCO_3, ClO_3, OH।

इनमें से किसकी कितनी वैलेन्सी है, यह हम अणुचित्र आँकने की कोशिश करके जान सकेंगे। अणुचित्रों के लिए यह जानना जरूरी है कि किस परमाणु की कितनी वैलेन्सी है। यह जानकारी मौलिक पदार्थों की तालिका से मिल जाएगी।

अब यह देखें कि कैल्शियम नाइट्रेट के वक्त $Ca(NO_3)_2$ क्यों लिखा गया?

NO_3 की वैलेन्सी 1; Ca की 2 है। सो चित्र होगा यों :

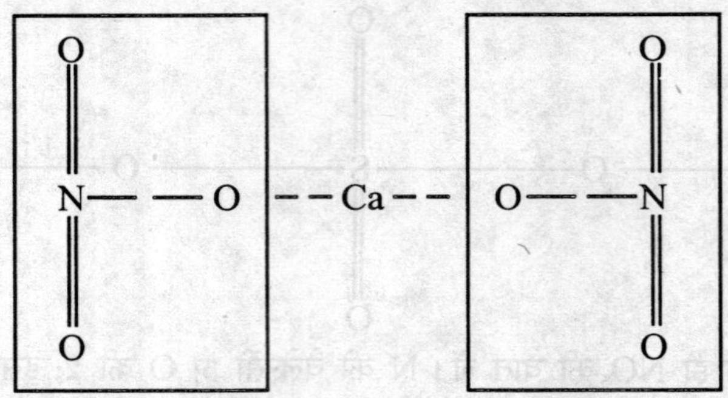

या फिर संक्षेप में,

NO_3—Ca—NO_3

इसी तरह

$NaNO_3$ का अणुचित्र होगा :

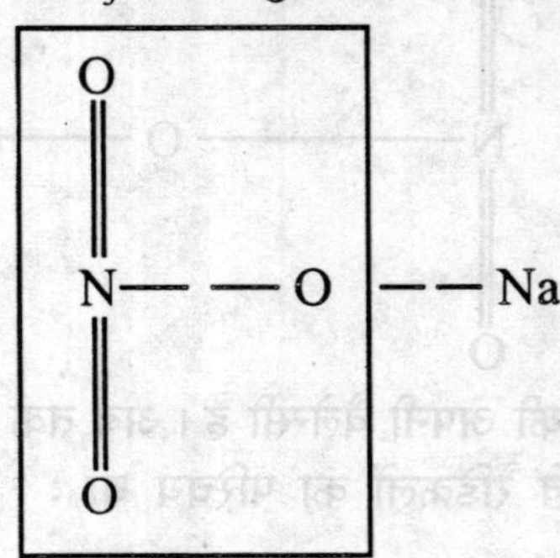

संक्षेप में,

NO_3—Na

या Fe $(NO_3)_2$ का अणुचित्र?

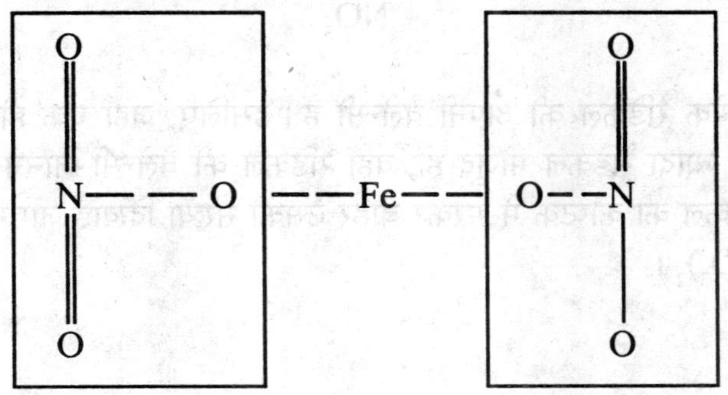

संक्षेप में,

NO_3—Fe—NO_3

फिर $Fe(NO_3)_3$ का अणु चित्र?

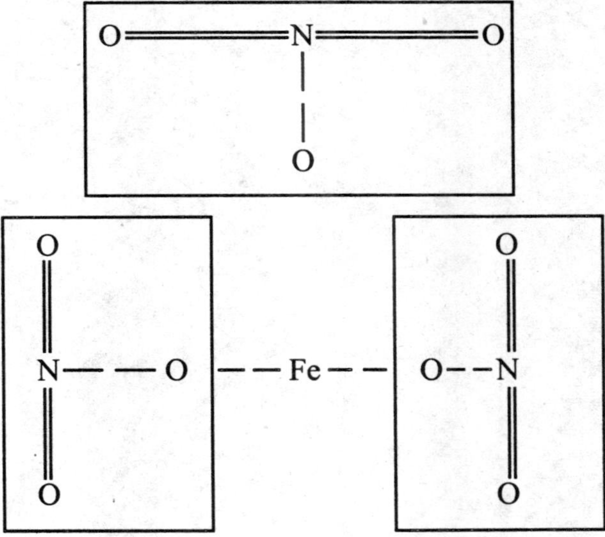

संक्षेप में,

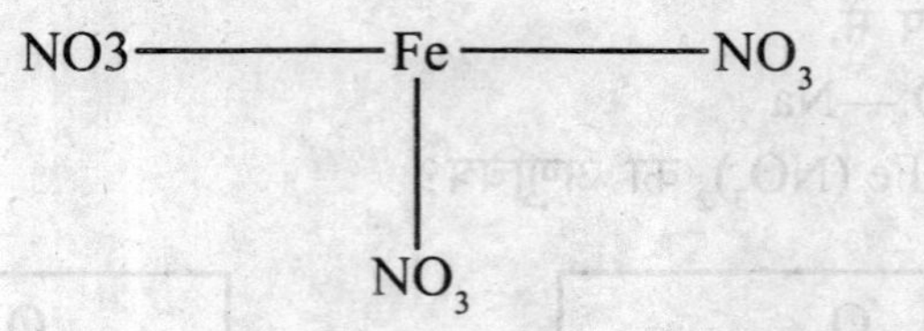

प्रत्येक रैडिकल की अपनी वैलेन्सी है। इसलिए, जहाँ एक ही अणु में एक से ज्यादा रैडिकल मौजूद हों, वहाँ रैडिकल की वैलेन्सी जानने के लिए पूरे रैडिकल को कोष्टक में भरकर बाहर उसकी संख्या दिखाई जाएगी। जैसे, $Fe(NO_3)_2$ ।

कुछ रासायनिक प्रक्रियाएँ

हम पहले देख चुके हैं कि रासायनिक प्रक्रिया का एक लक्षण है, पारिपार्श्विक से ताप का विनिमय। यह विनिमय दो प्रकार से हो सकता है। एक, प्रक्रिया के लिए बाहर से कुछ ताप का प्रयोग। दो, प्रक्रिया से ही पैदा हुआ कुछ ताप–यही ताप पारिपार्श्विक में चला जाएगा। अंग्रेजी में इन प्रक्रियाओं को एण्डो थर्मियो (Endo-Thermio) और एक्सो थर्मियो (Exo-Thermio) कहते हैं। अपनी भाषा में हम इन्हें 'ताप सोखने वाली' और 'ताप बिखेरने वाली' प्रक्रियाएँ कह सकते हैं।

ताप बिखेरने वाली प्रक्रिया

इन दो प्रकार की प्रक्रियाओं में से जिससे ताप उत्पन्न होता है–यानी दूसरी प्रक्रिया–उसके लिए खास झमेले की जरूरत नहीं। मतलब कि ऐसी प्रक्रिया आसानी से की जा सकती है।

कुछ उदाहरण :

घर की दीवारों की पुताई के लिए बाजार से चूना लाकर जब उसमें पानी डाला जाता है, तो चूने वाला बर्तन गरम हो उठता है और चूना फदफद उबलने लगता है। इसलिए इस रासायनिक प्रक्रिया से ताप उत्पन्न होता है। इसी प्रक्रिया को रसायन की भाषा में समझने की कोशिश करें।

चूना=CaO (कैल्सियम ऑक्साइड)

पानी=H_2O

इन दोनों के योग से बनता है कैल्सियम हाइड्रोक्साइड :

$CaO+H_2O \rightarrow Ca(OH)_2$ + ताप

यहाँ O_2H_2 न लिखकर $(OH)_2$ क्यों लिखा?

क्योंकि OH एक रैडिकल है, उसकी वैलेन्सी है 1।

एक और उदाहरण :

सल्फ्यूरिक एसिड में जस्ता डालने से जो रासायनिक प्रक्रिया होती है, उससे भी ताप उत्पन्न होता है। वह प्रक्रिया है : $Zn + H_2SO_4 \rightarrow ZnSO_4 + H_2$ + ताप

और भी,

$2H_2 + O_2 \rightarrow 2H_2O$ + ताप

$H_2 + Cl_2 \rightarrow 2HCl$ + ताप

आदि-आदि।

दहन और ऑक्सीडेशन

अब एक प्रकार की ताप बिखरने वाली प्रक्रिया की आलोचना करें। इस प्रक्रिया की विशेषता है—जिन रासायनिक पदार्थों के मिलन से यह प्रक्रिया होती है, उनमें साधारणतया एक ऑक्सीजन होता है; फिर आरम्भ में ही इन पदार्थों के उत्ताप को कुछ बढ़ा लेना पड़ता है।

एक घरेलू नमूना पेश करें :

मैग्निफाइंग काँच के सहारे सूरज की रोशनी किसी कागज के टुकड़े पर डालिए। जरा देर में कागज जल उठेगा। रासायनिक हिसाब से यह क्या हुआ? यही कि केन्द्रित होकर सूरज की रोशनी पड़ने से कागज जल उठा। कागज किस चीज का बना होता है? मूल रूप में सेलुलोस नाम के एक यौगिक पदार्थ का। सेलुलोस की एक चीज है कार्बन। ताप बढ़ जाने से इस कार्बन से हवा के ऑक्सीजन का यौगिक मिलन होने लगा, उसका नतीजा निकला कार्बन डायोक्साइड। और इसी मिलन से ताप (रोशनी भी) पैदा होने लगा। हमने इसी वजह से आग देखी।

कागज के कार्बन से हवा के ऑक्सीजन का यौगिक मिलन होने के नाते यह जो रासायनिक प्रक्रिया हुई, इसे हम एक प्रकार का दहन कहते हैं। लकड़ी, कोयला, कपड़ा—कुछ भी क्यों न जलाएँ, सबमें लगभग एक ही प्रक्रिया होगी। वह यह कि ऑक्सीजन से किसी रासायनिक पदार्थ

(साधारणतया कार्बन या हाइड्रोजन) के मिलने का नतीजा। मतलब यह निकला कि जहाँ भी दहन है, वहीं ऑक्सीजन से दूसरे पदार्थ का यौगिक मिलन है।

जहाँ दहन है, वहीं ऑक्सीडेशन है। लेकिन जहाँ-जहाँ ऑक्सीडेशन है, वहीं-वहीं दहन नहीं होता। यानी ऑक्सीडेशन से और भी कई तरह की रासायनिक प्रक्रियाओं का बोध होता है। कौन-कौन-सी?

पहली : ऑक्सीजन से जिस-किसी मौलिक पदार्थ का यौगिक मिलन; जैसे,

$$C + O_2 \rightarrow CO_2$$

या

$$4Fe + 3O_2 \rightarrow 2Fe_2O_3$$

दूसरी : हाइड्रोजन को छोड़कर जिस-किसी अधातु से किसी मौलिक पदार्थ का यौगिक मिलन। जैसे,

$$2Na + Cl_2 \rightarrow 2NaCl$$

या

$$2K + Br_2 \rightarrow 2KBr$$

मौलिक पदार्थों में से किन-किन को अधातु कहते हैं, इसकी सूची बाद में तैयार करेंगे। अभी इतना ही जान रखें कि Na, K, Fe आदि हैं धातु; O_2, Cl_2, Br_2 आदि हैं अधातु। तो, इन उदाहरणों से पता चलता है कि इनमें अधातु से धातु का मिलन होता है। लेकिन अधातु से अधातु का भी मिलन हो सकता है और उसे भी हम ऑक्सीडेशन ही कहेंगे। जैसे $4P+5Cl_2 \rightarrow 4PCl_5$। जिस पदार्थ के कारण यह तरीका संभव हुआ, उसे हम ऑक्सीडाइज़र (Oxidiser) या ऑक्सीडाइज़िंग एजेंट (Oxidising Agent) कहेंगे। इसलिए $2K + Br_2 \rightarrow 2KBr$—इस प्रक्रिया के बारे में यह कहा जाएगा कि ब्रोमीन (Br) ने पोटासियम (K) को ऑक्सीडाइज़ (Oxidise) किया।

तीसरी : जिस-किसी मौलिक पदार्थ से अगर किसी एक रैडिकल का मिलन कराएँ, तो भी उस प्रक्रिया को ऑक्सीडेशन कहेंगे। जैसे $Zn + H_2SO_4 \rightarrow ZnSO_4 + H_2$। यहाँ रैडिकल कौन-सा है? SO_4। यही SO_4 Zn से मिलता है और H_2SO_4 (सल्फ्यूरिक एसिड) से H_2 मुक्त होता

है। यहाँ यूँ कहेंगे कि H_2SO_4 ने Zn को ऑक्सीडाइज़ किया। यानी H_2SO_4 ऑक्सीडाइज़िंग एजेंट है।

चौथी : यदि किसी यौगिक पदार्थ से किसी रासायनिक प्रक्रिया के सहारे हाइड्रोजन या किसी धातु को हटा दिया जाए, तो उस प्रक्रिया को भी ऑक्सीडेशन कहेंगे। जैसे

$$2NH_3 + 3Cl_2 \rightarrow 6HCL + N_2$$

इस प्रकिया में क्या हुआ? NH_3 है अमोनिया। क्लोरीन से उसकी रासायनिक प्रक्रिया होने के नाते अमोनिया से हाइड्रोजन हटाकर क्लोरीन ने हाइड्रोक्लोरिक एसिड तैयार किया—मानो अमोनिया के नाइट्रोजन को हाइड्रोजन से छुटकारा मिला। यहाँ क्लोरीन ऑक्सीडाइज़िंग एजेंट है, जिसकी मदद से अमोनिया को ऑक्सीडाइज़ करके (हाइड्रोजन हटाकर) नाइट्रोजन मिला।

इससे यह पता चला कि ऑक्सीडेशन की जिन चार प्रक्रियाओं का नमूना देखा गया, उनमें पहली को छोड़कर बाकी में ऑक्सीजन से कोई बँधा-बँधाया सम्बन्ध नहीं है। इसलिए यह समझना भूल है कि ऑक्सीडेशन कहने से ही ऑक्सीजन से सम्बन्ध होगा।

इसके विपरीत जो प्रक्रिया है, अगर उसे देखें तो ऑक्सीडेशन प्रक्रिया को और अच्छी तरह समझ सकेंगे। उसके विपरीत प्रक्रिया का नाम है रिडक्शन।

रिडक्शन

रिडक्शन से कौन-सी प्रक्रिया समझें?

पहले तो ऑक्सीजन-वियोग—यानी किसी यौगिक पदार्थ से ऑक्सीजन को घटाना। जैसे

$$CuO + H_2 \rightarrow Cu + H_2O$$

इसमें क्यूप्रिक ऑक्साइड (CuO) से ऑक्सीजन को हटाकर सिर्फ कापर (Cu) मिला।

दूसरे, किसी यौगिक पदार्थ से हाइड्रोजन के अतिरिक्त जिस-किसी अधातु को हटाना। जैसे

$$AlCl_3 + 3Na \rightarrow Al + 3NaCl$$

यहाँ ऐल्युमिनियम ट्राइक्लोराइड ($AlCl_3$) से क्लोरीन (Cl, एक तरह का अधातु) हटा दिया गया।

जिस पदार्थ के जरिए यह प्रक्रिया हुई, उसे रिड्यूसर या रिड्यूसिंग एजेंट कहेंगे। पहले उदाहरण में हाइड्रोजन की मदद से CuO से ऑक्सीजन हटाया गया, इसलिए वहाँ हाइड्रोजन को रिड्यूसर कहेंगे और, दूसरे उदाहरण में चूँकि सोडियम (Na) की सहायता से $AlCl_3$ से Cl हटाया गया, इसलिए Na को रिड्यूसर कहेंगे।

तीसरे, किसी यौगिक पदार्थ से एक या एक से ज्यादा रैडिकल को हटाने की प्रक्रिया को भी रिडक्शन कहा जाएगा। जैसे

$$Fe_2(SO_4)_3 + H_2 \rightarrow 2FeSO_4 + H_2SO_4$$

यहाँ फैरिक सल्फेट [$Fe_3(SO_4)_3$] से SO_4 रैडिकल को (अंशतः) हटाकर फैरस सल्फेट ($2FeSO_4$) मिला। तो रिड्यूसर कौन हुआ? हाइड्रोजन।

चौथे, किसी रासायनिक पदार्थ से हाइड्रोजन को मिलाना भी रिडक्शन कहलाता है। जैसे

$$Cl_2 + H_2S \rightarrow 2HCl + S$$

यहाँ क्लोरीन (Cl) से हाइड्रोजन को मिलाकर हाइड्रोक्लोरिक एसिड (HCl) मिला। यानी क्लोरीन को रिड्यूस किया गया। रिड्यूसर कौन? H_2S यानी हाइड्रोजन सल्फाइड।

रासायनिक प्रक्रिया के दो पहलू
ऑक्सीडेशन और रिडक्शन

जो रासायनिक प्रक्रियाएँ होती हैं, उन्हें नए सिरे से समझने का मौका मिला। कैसे? प्रक्रिया में एक साथ ही ऑक्सीडेशन और रिडक्शन जारी रहते हैं। जो नमूने दिए गए हैं, उन्हीं की छानबीन से यह बात समझ में आ जाएगी।

जैसे

$$Zn + H_2SO_4 \rightarrow ZnSO_4 + H_2$$

इसे हमने ऑक्सीडेशन का उदाहरण बताया था, क्योंकि इसमें Zn से

एक रैडिकल (SO_4) मिलता है। लेकिन दूसरी ओर H_2SO_4 से SO_4 घटकर सिर्फ H_2 रहता है, यानी केवल एक रैडिकल हटता है। यह तो रिडक्शन हुआ। तो इस नमूने में Zn ऑक्सीडाइज़ हुआ और H_2SO_4 रिड्यूस हुआ।

फिर

$$CuO + H_2 \rightarrow Cu + H_2O$$

इसे हमने रिडक्शन का नमूना कहा था। क्यों? CuO से ऑक्सीजन हट गया, केवल Cu रहा। लेकिन उधर H_2 से O मिलता है। सो यह ऑक्सीडेशन है। इसलिए इसी उदाहरण में हम देखते हैं कि CuO को रिड्यूस किया गया और H_2 को ऑक्सीडाइज़। यह नया उदाहरण देखें :

$$2HgCl_2 + SnCl_2 \rightarrow 2HgCl + SnCl_4$$

यहां $2HgCl_2$ से Cl_2 हट गया और 2HgCl हुआ। चूँकि Cl (अधातु) हट गया, इसलिए यह रिडक्शन का नमूना हुआ। और, दूसरी तरफ $SnCl_2$ से Cl_2 मिला, इसलिए वह ऑक्सीडेशन का नमूना होगा।

कुछ पदार्थ ऐसे हैं, जिनमें ऑक्सीडाइज़ करने की क्षमता बहुत अधिक है तथा कुछ पदार्थों में रिड्यूस करने की क्षमता ज्यादा है। इनकी सूची याद रखनी चाहिए।

ऑक्सीडाइज करने की अधिक क्षमता वाले पदार्थ

ऑक्सीजन (O_2)
क्लोरीन (Cl_2)
ब्रोमीन (Br_2)
हाइड्रोजन परोक्साइड (H_2O_2)
पोटासियम परमैंगनेट ($KMnO_4$)
पोटासियम डाइक्रोमेट ($K_2Cr_2O_7$)
सोडियम परोक्साइड (Na_2O_2)
नाइट्रिक एसिड (HNO_3)
सल्फ्यूरिक एसिड (H_2SO_4)
पोटासियम क्लोरेट ($KClO_3$)
मैंगनीज़ डायोक्साइड (MnO_2)

रिड्यूस करने की अधिक क्षमता वाले पदार्थ

हाइड्रोजन (H_2)
सल्फर डायोक्साइड (SO_2)
हाइड्रोजन सल्फाइड (H_2S)
हाइड्रोक्लोरिक एसिड (HCl)
हाइड्रोब्रोमिक एसिड (HBr)
हाइड्रोआयोडिक एसिड (HI)
स्टैनस क्लोराइड ($SnCl_2$)
कार्बन (C)
कार्बन मोनोक्साइड (CO)
पोटासियम साइनाइट (KCN)
सोडियम (Na), पोटासियम (K), मैग्नेसियम (Mg)
ऐल्युमिनियम (Al)—ये कई धातु।

सहज प्रक्रिया

इन दो तरह के पदार्थों में—यानी जिनमें ऑक्सीडाइज़ करने की क्षमता ज्यादा है और जिनमें रिड्यूस करने की क्षमता ज्यादा है—रासायनिक प्रक्रिया बहुत आसानी से होती है।

जैसे

क्लोरीन (Cl_2) और हाइड्रोजन (H_2) को एक बोतल में भरकर धूप में रखने से हाइड्रोक्लोरिक एसिड हो जाएगा। प्रक्रिया यों हुई : $H_2 + Cl_2 \rightarrow 2HCl$।

हाइड्रोजन और ऑक्सीजन को एक जगह रखकर उसमें बिजली चलाने से (या उसमें दियासलाई की एक जलती हुई तीली डाल देने से) दोनों मिलकर पानी हो जाएँगे। यह प्रक्रिया है : $2H_2 + O_2 \rightarrow 2H_2O$।

गरम कोयले (कार्बन) से ऑक्सीजन आ मिले तो दोनों का कार्बन डायोक्साइड बनेगा। यह प्रक्रिया है : $C + O_2 \rightarrow CO_2$।

बाकी उदाहरणों को केवल संकेत में बता दें :

$MnO_2 + 4HCL \rightarrow MnCl_2 + Cl_2 + 2H_2O$
$C + 2H_2SO_4 \rightarrow CO_2 + 2SO_2 + 2H_2$
$KClO_3 + 3SO_2 + 3H_2O \rightarrow KCl + 3H_2SO_4$
आदि-आदि।

ये प्रक्रियाएँ मामूली उत्ताप में ही सम्भव होती हैं।

क्षार : बेस और ऐलकली

ऑक्साइड और हाइड्रोक्साइड किसे कहते हैं, यह हम जान चुके हैं। जिस यौगिक पदार्थ में ऑक्सीजन है, उसे ऑक्साइड और जिस यौगिक पदार्थ में रैडिकल (H) है, उसे हाइड्रोक्साइड कहते हैं।

अब यह देखें कि बेस किसे कहते हैं। किसी भी धातु के ऑक्साइड और हाइड्रोक्साइड को बेस कहते हैं।

इस बेस की खूबी यह है कि यह स्वयं (यहाँ तक कि ताप प्रयोग किए बिना भी) रासायनिक प्रक्रिया घटित कर सकता है और उससे रासायनिक नमक तथा पानी प्राप्त होता है। यानी

बेस + एसिड $\rightarrow$ नमक + पानी

रासायनिक नमक किसे कहते हैं? एसिड से हाइड्रोजन हटाकर उस खाली जगह को धातु के परमाणु से भरने पर जो मिलता है, उसको नमक कहते हैं। जैसे क्लोराइड, ब्रोमाइड, नाइट्रेट, सल्फेट, कार्बोनेट आदि।

बेस के कुछ नमूने : Na_2O; K_2O; CaO; Fe_2O_3—ये हैं ऑक्साइड। और $NaOH$; KOH; $Ca(OH)_2$ आदि हैं हाइड्रोक्साइड।

बेस और एसिड की रासायनिक प्रक्रिया के कुछ उदाहरण :

बेस	+	एसिड	→	नमक	+	पानी
$2NaOH$	+	H_2SO_4	→	Na_2SO_4	+	$2H_2O$
KOH	+	H_2SO_4	→	KCl	+	H_2O
CuO	+	H_2SO_4	→	$CuSO_4$	+	H_2O
Fe_2O_3	+	$6HCl$	→	$2FeCl_3$	+	$3H_2O$

और ऐलकली?

जो हाइड्रोक्साइड पानी में घुलता है उसे ऐलकली या क्षार कहते हैं।

जैसे

NaOH—सोडियम हाइड्रोक्साइड या कास्टिक सोडा।

KOH—पोटासियम हाइड्रोक्साइड या कास्टिक पोटास।

$Ca(OH_2)$—कैल्सियम हाइड्रोक्साइड या चूने का पानी।

क्षार या ऐलकली का लक्षण क्या है? मूलतया क्षार भी बेस (हाइड्रोक्साइड) हैं, इसलिए उनके भी वही लक्षण हैं, जो बेस के होते हैं। मतलब यह कि एसिड से रासायनिक प्रक्रिया के फलस्वरूप क्षार भी पानी और नमक तैयार करते हैं। इनका दूसरा लक्षण बताने के पहले लिटमस नाम के एक यौगिक पदार्थ के बारे में बताना जरूरी है। लिटमस में एसिड दीजिए तो उसका रंग लाल हो जाता है, लेकिन यदि क्षार या ऐलकली मिलाएँ तो उसका रंग नीला हो जाएगा। और, जरूरत से ज्यादा एसिड देने से नीला रंग फिर लाल हो जाता है। तीसरे, फेनोल्फ्थेलीन (Phenolphthalein) नाम का एक यौगिक पदार्थ होता है जो पानी में घोलने पर भी पानी-सा साफ-सुथरा ही रहता है, लेकिन ऐलकली (जैसे, चूने का पानी) मिलाने से उसका रंग लाल हो जाता है। परन्तु सूखने पर यह घोल फिर लाल नहीं रहता। होली के दिनों फेनोल्फ्थेलीन में चूने का पानी मिलाकर उड़ जाने वाला रंग बनाकर खेला जाता है। रंग छिड़कने पर कपड़ा लाल हो गया, और कपड़े के सूखते ही फिर झक् सफेद।

हम यह बता चुके है कि ऐलकली किसी-न-किसी धातु का हाइड्रोक्साइड होता है। लेकिन एक अपवाद है : अमोनिया गैस (NH_3) + पानी (H_2O) $\rightarrow$ अमोनियम हाइड्रोक्साइड (NH_4OH)।

इस प्रक्रिया से जो अमोनियम हाइड्रोक्साइड मिलता है, उसमें ऐलकली के सारे ही लक्षण मिलते हैं, यद्यपि NH_4 कोई धातु नहीं है। इसलिए NH_4OH को किसी धातु का हाइड्रोक्साइड नहीं कहा जा सकता। यह NH_4 एक प्रकार का रैडिकल है, जिसे अमोनियम कहते हैं। इस रैडिकल की विशेषता है कि धातु न होते हुए भी धातु के जैसा बर्ताव।

मेंडेलीफ का आविष्कार

मौलिक पदार्थों में कई तरह की समानता है। उसी समानता के हिसाब से उनकी श्रेणी बनाने की कोशिश बहुत पहले से चल रही थी। तरह-तरह के सुझाव पेश किए गए। जैसे किन्हीं-किन्हीं की राय थी कि मौलिक पदार्थों को धातु और अधातु, इन दो श्रेणियों में बाँटना होगा। लेकिन इन दोनों का फर्क हर समय साफ समझ में नहीं आता था, सो ऐसी श्रेणी उपयोगी नहीं प्रतीत हुई।

अन्त में यह अनुभव किया गया कि पारमाणविक वजन के अनुसार मौलिक पदार्थों का श्रेणी-विभाजन ठीक रहेगा।

सन् 1817 में दोबेराइनर नाम के एक वैज्ञानिक इस फैसले पर पहुँचे कि जिन सब मौलिक पदार्थों में रासायनिक समानता या सम्बन्ध है, उनके पारमाणविक वजन का भेद भी किसी नियम के अनुसार नहीं हुआ करता। कैसा नियम? मसलन Cl, Br और I—इनमें रासायनिक समानता और सम्बन्ध है। इनके लक्षण लगभग एक-से हैं। और पारमाणविक वजन? उस समय तक पारमाणविक वजन की जानकारी बहुत अच्छी नहीं थी। बाद में ही इसकी स्पष्ट समझदारी हो सकी। हम यहाँ उसी के सहारे हिसाब लगाएँगे।

	Cl	Br	I
पारमाणविक वज़न :	35.5	80	127

इस तरह पता चलता है कि तीनों को क्रम से एक के बाद एक रखने पर बीच वाले का पारमाणविक वजन (80) किनारे के दोनों पारमाणविक वजन के जोड़ (35.5+127) का लगभग आधा होता है। ऐसे ही कुछ और उदाहरण :

Ca (40) Sr (88) Ba (137)

S (32)   Se (79)   Te (128)

सन् 1857 में कन्निजारो ने मौलिक पदार्थों के पारमाणविक वज़न पर निर्भर करने लायक तरकीब निकाली।

सन् 1865 में न्यूलेंड्स नाम के एक अंग्रेज वैज्ञानिक ने मौलिक पदार्थों के पारमाणविक वजन के अनुसार एक प्रकार का श्रेणी-विभाग किया। उन्होंने बताया, पारमाणविक वजन के अनुसार अगर हम मौलिक पदार्थों को सिलसिले से, यानी हल्का से भारी के हिसाब से एक पर एक–सजाएँ, तो देखेंगे कि सात-सात पर लगातार एक ही रासायनिक लक्षण आते चले जा रहे हैं। तात्पर्य यह कि आठवें का लक्षण पहले-सा, नवें का दूसरे-सा, दसवें का तीसरे-सा है–आदि। ठीक जैसे सुर-सप्तक होता है। हारमोनियम का पहला पर्दा अगर 'सा' है तो आठवाँ भी 'सा', दूसरी 'रे' है तो नवाँ भी 'रे'–इसी तरह और भी। सात के बाद फिर उसी की दुहरावट। न्यूलेंड्स ने इस नियम का नाम रखा, लॉ ऑफ आक्टेव्स (Law of Octaves) अर्थात् सुर-सप्तक का नियम।

पर्याय-सूत्र या पीरियॉडिक लॉ

सन् 1869 में रूसी वैज्ञानिक मेंडेलीफ ने मौलिक पदार्थों के श्रेणी-विभाग का जो नियम निकाला और उसके अनुसार जो तालिका तैयार की, उससे रसायन-विज्ञान में एक युगान्तर आया।

उन्होंने कहा, न्यूलैंड्स ने बेशक कीमती बात बताई है। पारमाणविक वजन के हिसाब से मौलिक पदार्थों को क्रम से रखें तो बारी-बारी से एक ही रासायनिक लक्षण घूम-घूम कर आते हैं। आते तो हैं, लेकिन सुर-सप्तक के समान नहीं।

फिर कैसे?

अब हम मेंडेलीफ की बात को ठीक से समझने की कोशिश करें।

हमने देखा कि मौलिक पदार्थ 92 हैं। पर मेंडेलीफ के समय सिर्फ 63 का ही पता चला था, बाकी का आविष्कार बाद में हुआ।

मेंडेलीफ ने उन 63 मौलिक पदार्थों के लिए 63 कार्ड बनाए। प्रत्येक कार्ड पर पदार्थ का नाम, पारमाणविक वजन और रासायनिक विशेषता दर्ज

की। और इस तरह उन्होंने देखा, रासायनिक विशेषता के हिसाब से पदार्थों को कुल 8 वर्गों में बाँटा जा सकता है। ठीक ऐसा ही बँटवारा करके उन्होंने प्रत्येक पदार्थ के कार्ड को दीवाल से लटकाया।

ये आठ वर्ग कौन-कौन-से हुए? हर वर्ग में पड़ने वाले पदार्थों में जिनका पारमाणविक वज़न सबसे कम है, उनका जिक्र अगर प्रत्येक वर्ग के ऊपर कर दें, तो कार्डों को इस प्रकार सजाना पड़ेगा। प्रत्येक कार्ड पर पदार्थ का सांकेतिक नाम और पारमाणविक वजन दिया गया :

I	II	III	IV
Li (6.94)	Be (9.02)	B (10.82)	C (12)

V	VI	VII	VIII
N (14)	O (16)	F (19)	

पारमाणविक वजन के लिहाज से F के बाद ही Na का नम्बर आता है, क्योंकि Na का पारमाणविक वजन 23 है। उस कार्ड को मेंडेलीफ ने कहाँ लगाया? ठीक Li के नीचे। क्यों? इसलिए कि Li से उसके रासायनिक लक्षण की समानता है। पारमाणविक वजन के हिसाब से उसके बाद Mg की बारी आती है—इसका पारमाणविक वजन 24.32 है। लिहाजा इसके कार्ड को दूसरे वर्ग में B के नीचे लगाना पड़ा। इसी तरह Al लगा तीसरे वर्ग में B के नीचे। उसके बाद चौथे में Si, पाँचवें में P, छठे में S, सातवें में Cl। उसके बाद आता है K। यह कहाँ बैठा? पहले वर्ग में। उसके बाद Ca। यह कहाँ लगा? दूसरे वर्ग में। तो सबका क्या रूप हुआ, जरा उसे देख लें :

I	II	III	IV
L (6.94)	Be (9.02)	B (10.82)	C (12)
Na (23)	Mg (24.32)	Al (26.97)	Si (28.06)
K (39.1)	Ca (40.07)		

V	VI	VII	VIII
N (14)	O (16)	F (19)	
P (31.04)	S (32.07)	Cl (35.45)	

यहाँ तक तो न्यूलैंड्स के सुर-सप्तक वाले नियम के मुताबिक मजे से चला, लेकिन बाद वाले मौलिक पदार्थ पर आकर गाड़ी अटक गई। उसका नाम टाइटेनियम है—संकेत है Ti। इसका पारमाणविक वजन है 47.9, यानी Ca के बाद ही। यों इसे तीसरे ही वर्ग में लगना चाहिए था; लेकिन पता चला, वहाँ यह नहीं लगने का। क्योंकि B और Al से उसकी समानता नहीं, बल्कि रासायनिक लक्षणों के हिसाब से उसकी समानता C और Si से है। इसलिए उसकी जगह हुई चौथे वर्ग में—Si के नीचे।

आखिर मेंडेलीफ ने क्या किया?

उसे चौथे ही वर्ग में लगाया।

लेकिन तीसरे वर्ग के Al के नीचे जो खाली स्थान रह गया? मेंडेलीफ ने कहा, बेशक वह हम लोगों के ज्ञान की रिक्तता या खालीपन है, यानी जानकारी का अधूरापन। यानी कोई-न-कोई ऐसा मौलिक पदार्थ जरूर है, जिसका पारमाणविक वजन 40 से 48 के बीच है और जो लक्षणों में B और Al से मिलता-जुलता है। उसका आविष्कार अभी नहीं हुआ, कभी होगा।

मेंडेलीफ ने उसके लिए भी एक कार्ड बनाया। उस अजाने मौलिक पदार्थ का नाम उन्होंने एक-बोरोन (Eka-Boron) रखा। एक शब्द को संस्कृत से अपनाया। इस एक-बोरोन का कार्ड तीसरे वर्ग में Al के नीचे लगाया गया।

उसके बाद पारमाणविक वजन के अनुसार मौलिक पदार्थ मजे में मिलते गए : Ti (47.9) चौथे वर्ग में बैठा, V (51) पाँचवें में, Cr (52.01) छठे में, Mn (54.93) सातवें में।

इस तरह तीन कतारें पूरी हुईं।

उसके बाद फिर अड़चन आई। पारमाणविक वजन के अनुसार Mn के बाद Fe (55.85), Co (58.95), Ni (58.68), Cu (63.57)। पता चला, इन मौलिक पदार्थों में पारस्परिक समानता बहुत है, लेकिन Fe, Co और Ni को सात में से किसी वर्ग में नहीं रखा जा सकता। सो मेंडेलीफ ने इन सबको आठवें वर्ग में रखा। Cu का क्या हुआ? मेंडेलीफ ने देखा, Cu की एक ओर तो आठवें वर्ग के मौलिक पदार्थों से बड़ी समानता है,

दूसरी ओर पहले गोत्र के पदार्थों में भी वैसी ही समानता है। इसलिए Cu को उन्होंने दोनों वर्गों में रखा।

Cu के बाद Zn (65.38)। वह दूसरे ही वर्ग में रहा। फिर? उन दिनों तक जितने मौलिक पदार्थों की जानकारी थी, उनमें से इसके बाद आई As (74.91) की बारी। लेकिन लक्षणों के लिहाज से उसकी जगह पाँचवें वर्ग में हुई–N, P, V के नीचे। मेंडेलीफ ने अपना कार्ड वहीं बैठाया। लेकिन इस तरह तीसरे और चौथे वर्ग में एक-एक जगह खाली रह गई। मेंडेलीफ ने उनके लिए भी यही कहा कि वहाँ भी ज़रूर दो मौलिक पदार्थ हैं, उनका पता बाद में चलेगा। तीसरे वर्ग के अजाने मौलिक पदार्थ का नाम उन्होंने 'एक-ऐल्युमिनियम' और चौथे के अजाने पदार्थ का 'एक-सिलिकन' रखा। इसी हिसाब से मेंडेलीफ ने अपनी तालिका बनाई।

उन्होंने जो भविष्यवाणी की थी, वह क्या सच निकली? हाँ, सच निकली। उन्होंने जिन तीन अजाने मौलिक पदार्थों के बारे में कहा था, उनके जीते-जी ही उनका आविष्कार हुआ। 'एक-बोरोन' का आविष्कार स्केंडेनेविया के दो वैज्ञानिकों ने किया। अपने देश के नाम पर उन्होंने उस मौलिक पदार्थ का नाम रखा 'स्कैंडियम' (Sc), पारमाणविक वजन 44.96। 'एक-ऐल्युमिनियम' का आविष्कार फ्रांस में हुआ। फ्रांसीसी गौल के वंशधर हैं, सो उसका नाम पड़ा 'गैलियम' (Ga), पारमाणविक वजन 69.72। और 'एक-सिलिकन' का आविष्कार जर्मनी में हुआ; उसका नाम पड़ा 'जर्मेनियम' (Ge), पारमाणविक वजन 72.60।

यही नहीं, और भी बहुत से मौलिक पदार्थों का आविष्कार हुआ और पाया गया कि वे सब-के-सब मेंडेलीफ की तालिका में बैठ जाते हैं। हाँ, कुछ गैसों के लिए एक अलग ही वर्ग बनाना पड़ा, जिसे कहा गया 0 (शून्य) वर्ग या Zero Group।

बाद में मेंडेलीफ की तालिका को ज़रूरत के मुताबिक पूरा और संशोधित कर लिया गया। अब वह जिस रूप में है उसे यहाँ दे रहे हैं। इसे पर्याय-सारणी या Periodic Table कहते हैं।

पर्याय-सारणी

GROUP 0	GROUP I		GROUP II		GROUP III		GROUP IV		GROUP V		GROUP VI		GROUP VII		GROUP VIII		
	1 H 1																
2 He 4	3 Li 7		4 Be 9		5 B 11		6 C 12		7 N 14		8 O 16		9 F 19				
10 Ne 20	11 Na 23		12 Mg 24		13 Al 27		14 Si 28		15 P 31		16 S 32		17 Cl 35				
	Gr. Ia	Gr.Ib	Gr. IIa	Gr. IIb	Gr. IIIa	Gr. IIIb	Gr. IVa	Gr. IVb	Gr.Va	Gr.Vb	Gr VIa	Gr VIb	Gr.VIIa	Gr.VIIb			
18 A 40	19 K 39		20 Ca 40		21 Sc 45		22 Ti 48		23 V51		24 Cr 52		25 Mn 55		26 Fe56	27 Co59	28 Ni59
		29 Cu 64		30 Zn 65		31 Ga 70		32 Ge 73		33 As 75		34 Se 79		35 Br 80			
36 Kr 84	37 Rb 85		38 Sr 88		39 Y 89		40 Zr 91		41 Nb93		42 Mo 96		43 Tc 99		44 Ru120	45 Rh103	46 Pd107
		47 Ag 108		48 Cd 112		49 In 115		50 Sn 119		51 Sb 122		52 Te 128		53 I 127			
54 Xe 131	55 Cs 133		56 Ba 137		57 La 139 58-71 Rare earths		72 Hf 179		73 Ta181		74 W 184		75 Re 186		76 Os190	77 Ir193	78 Pt195
		79 Au 197		80 Hg 201		81 Tl 204		82 Pb 207		83 Bi 209		84 Po 210		85 At 211			
86 Rn 222	87 Fa 223		88 Ra 226		89 Ac 227		90 Th 232		91 Pa231		92 U 238		93 Np 239		94 Pu239	95 Am241	96 Cm242
		97 Bk 243		98 Cf 244													

92 मौलिक पदार्थ

हम कह आए हैं कि मौलिक पदार्थों की कुल संख्या 92 है। लेकिन पर्याय सारणी में 98 मौलिक पदार्थों का जिक्र आया है। ऐसा क्यों?

असल में, प्रकृति में तो 92 ही मौलिक पदार्थों की स्थिति है, लेकिन आज के वैज्ञानिकों ने प्रयोगशाला में नकली उपायों से और भी मौलिक पदार्थ तैयार किए हैं। ऐसे 6 मौलिक पदार्थों के नाम इस सारणी में आए हैं। बाद में और भी ऐसे मौलिक पदार्थ बने हैं।

सारणी में पदार्थों के सांकेतिक नाम-भर हैं। पूरे नाम यों हैं :

93 Np—Neptunium (नेपचूनियम)
94 Pu—Plutonium (प्लूटोनियम)
95 Am—Americium (अमेरिसियम)
96 Cm—Curium (क्यूरियम)
97 Bk—Berkelium (बर्केलियम)
98 Cf—Californium (कैलिफोर्नियम)

पर्याय-सारणी के बारे में दो और बातें

एक यह कि इस तालिका में प्रत्येक मौलिक पदार्थ के साथ एक-एक नम्बर दिया गया है—इसे पारमाणविक संख्या (atomic number) कहते हैं। परमाणु के गठन वाले प्रकरण में इसकी व्याख्या मिलेगी। दूसरी यह कि I से VII तक वर्गों को a और b—इन दो हिस्सों में बाँटा गया है। इसके बारे में अभी यहाँ बताया जाएगा।

पर्याय-सारणी का महत्व

मेंडेलीफ की इस पर्याय-सारणी से रसायन-विज्ञान में क्या-क्या सहूलियतें हुईं?

एकः मौलिक पदार्थों के ऐसे वर्ग-विभाजन से रासायनिक लक्षण भी साफ-साफ श्रेणी में बँट गए—प्रत्येक वर्ग में आने वाले सभी मौलिक पदार्थों के लक्षण लगभग एक हैं। जैसे, 0 (शून्य) वर्ग में आने वाले सभी पदार्थ

inert gas हैं और किसी मौलिक पदार्थ के परमाणु की बात तो दूर, इनके परमाणु आपस में भी नहीं मिलते। फिर I वर्ग में आने वाले, सबकी वैलेन्सी 1 है, पर Ib के अनुसार जिन्हें अलग किया गया है, खास-खास हालत में उनकी वैलेन्सी 2 या 3 हो सकती है। और, एकमात्र हाइड्रोजन को छोड़कर वर्ग I में आने वाले सभी मौलिक पदार्थ धातु हैं। इनमें भी Ia में आने वाली धातुओं को ऐलकली धातु कहते हैं, क्योंकि प्रत्येक का हाइड्रोक्साइड पानी में घुल जाता है। इसके अलावा ये बड़ी आसानी से रासायनिक प्रक्रिया में भाग लेते हैं; लिहाजा प्रकृति में विशुद्ध मौलिक पदार्थ के रूप में पाए ही नहीं जाते–हर समय ये दूसरे पदार्थों से मिले-जुले (यौगिक अवस्था में) पाए जाते हैं। परन्तु, इधर Ib के अन्तर्गत जो पदार्थ आते हैं, उनका लक्षण बिल्कुल उल्टा है। अर्थात् Cu, Ag तथा Au और किसी से आसानी से मिल नहीं सकते। वर्ग II में सब धातु हैं और सबकी वैलेन्सी 2 है। लेकिन IIb के मौलिक पदार्थों की वैलेन्सी अवस्था के अनुसार कम-ज्यादा हो सकती है। IIa के धातु सहज ही रासायनिक प्रक्रिया में योग देते हैं, यानी आसानी से यौगिक पदार्थ के उपादान बनते हैं। इसलिए प्रकृति में ये विशुद्ध मौलिक पदार्थ के रूप में नहीं पाए जाते। फिर, इन सबके हाइड्रोक्साइड ऐलकली होते हैं। लेकिन IIb के मौलिक पदार्थ, खासकर Hg, आसानी से औरों से नहीं मिलते हैं। फलस्वरूप प्रकृति में इन्हें मौलिक पदार्थों के रूप में पाना सहज है। इसी प्रकार वर्ग III में सबकी वैलेन्सी 3 है; वर्ग IV में सबकी 4; परन्तु वर्ग V के मौलिक पदार्थों की वैलेन्सी या तो 5 होती है या 3; VI के पदार्थों की या तो 6 या 2; VII की या तो 7 या 1; VIII की वैलेन्सी 8, 3 या 2। वैलेन्सी की व्याख्या के समय इस बेमेल नियम की जानकारी होगी।

दो : जाने न जा सके मौलिक पदार्थ तथा उनके लक्षणों के बारे में भविष्यवाणी। अभी-अभी हमने चर्चा की कि अपनी तालिका में मेंडेलीफ ने किस तरह तीन जगह में खाली कार्ड रख छोड़ा था और कहा था कि यहाँ जरूर कोई-न-कोई मौलिक पदार्थ हैं, जिनका बाद में पता चलेगा। बाद में उनका आविष्कार हुआ भी। इसी तरह उनके बाद भी Tc, Fr आदि मौलिक पदार्थों के होने का सन्देह किया गया और अन्त में उनका पता भी चला।

तीन : यह सारणी ठीक-ठीक पारमाणविक वजन जानने में बड़ी मददगार हुई। पारमाणविक वजन=वैलेन्सी×समतोल वजन। मेंडेलीफ से पहले In नाम के मौलिक पदार्थ की वैलेन्सी के बारे में गलत धारणा थी, इसीलिए उसके पारमाणविक वजन का गलत होना भी जरूरी-सा था। पहले अनुमान किया जाता था कि उसकी वैलेन्सी है 2 और समतोल वजन 38। इसीलिए यह अनुमान भी किया जाता था कि उसका पारमाणविक वजन, 2×38=76 है। यदि उसकी वैलेन्सी 2 है तो फिर उसे वर्ग II में रखना चाहिए था। मगर मेंडेलीफ ने देखा, In को उस वर्ग में नहीं रखा जा सकता, क्योंकि उस वर्ग में 95 पारमाणविक वजन के किसी मौलिक पदार्थ के लिए कोई जगह नहीं। फिर यदि यह मानें कि उसकी वैलेन्सी 3 है, तो उसका वजन होगा 3×38=114 और वह वर्ग III में जाएगा। उन्होंने देखा कि वर्ग III में 114 पारमाणविक वजन के किसी मौलिक पदार्थ की जगह भी है। सो उन्होंने In को वहीं रखा। बाद में जाँच से पता चला कि In का पारमाणविक वजन ठीक ही 114 और उसकी वैलेन्सी भी वास्तव में 3 है। इसी तरह से मेंडेलीफ ने अपनी तालिका द्वारा अनेक मौलिक पदार्थों के पारमाणविक वजन-सम्बन्धी प्रचलित मूल धारणाओं का सुधार किया।

चार : बाद में जब परमाणु के गठन का मत आविष्कृत हुआ, तो पाया गया कि उस तालिका से उसका हू-ब-हू मेल बैठ जाता है। इससे परमाणु के गठन-सम्बन्धी मतवाद को एक समर्थन मिला। अब हम उस मतवाद को देखें।

परमाणु का गठन

परमाणु के गठन-सम्बन्धी सिद्धान्त पर वैज्ञानिक लोग किस-किस तरह पहुँचे, इसका पूरा ब्यौरा देना यहाँ सम्भव नहीं। यह सिद्धान्त जरा कठिन है और पूरे की जरूरत भी नहीं। इसलिए उसका जितना हिस्सा तालिका, वैलेन्सी आदि रसायन-विज्ञान सम्बन्धी बातों को समझने के लिए आवश्यक है, यहाँ हम उतने ही की चर्चा करेंगे।

पहली बात तो यह कि बनावट के हिसाब से प्रत्येक परमाणु बहुत-कुछ सौर-जगत् जैसा होता है। सूर्य को केन्द्र बनाकर जिस प्रकार ग्रह-उपग्रह विभिन्न कक्षों (orbits) में घूमा करते हैं, उसी प्रकार परमाणु में भी एक केन्द्र के चारों ओर एक या इससे ज्यादा इलेक्ट्रोन घूमा करते हैं। यह केन्द्र वास्तव में बना किस चीज़ का है, इस चर्चा की यहाँ जरूरत नहीं, क्योंकि रासायनिक-प्रक्रिया में इस केन्द्र का कोई हिस्सा नहीं रहता। प्रक्रिया में केवल बाहर के इलेक्ट्रोन ही काम करते हैं। इसलिए इलेक्ट्रोन की चर्चा ही हमारे लिए मुख्य है। केन्द्र के बारे में इतना ही कह दें कि परमाणु का पूरा वजन इस केन्द्र पर ही निर्भर है। खुद इलेक्ट्रोन का वजन नहीं के बराबर है।

इलेक्ट्रोन के बारे में पहली बात

भिन्न-भिन्न मौलिक पदार्थों के परमाणु में इलेक्ट्रोन की तादाद भिन्न-भिन्न होती है। लेकिन एक ही मौलिक पदार्थ के प्रति परमाणु में इलेक्ट्रोन की संख्या बँधी-बँधाई होती है। जैसे हाइड्रोजन के एक-एक परमाणु में एक-एक इलेक्ट्रोन होता है।

और भी कुछ उदाहरण :

मौलिक पदार्थ	परमाणु के इलेक्ट्रोन की संख्या
He	2
Li	3
C	6
O	8
Ne	10
Na	11
Cl	17
Ag	47
Pb	82
Th	90
U	92
Np	93
Pn	94
Cf	98

इसी इलेक्ट्रोन-संख्या को परमाणु की पारमाणविक-संख्या (atomic number) कहते हैं। तालिका में प्रत्येक मौलिक पदार्थ की पारमाणविक संख्या दे दी गई है। इसलिए उससे यह जाना जा सकता है कि किस परमाणु में कितने-कितने इलेक्ट्रोन हैं। उसमें यह भी ध्यान देने की बात है कि पारमाणविक संख्या के अनुसार ही मौलिक पदार्थ सिलसिले से एक के बाद एक रखे गये हैं।

इलेक्ट्रोन के बारे में दूसरी बात

ऐसा नहीं है कि जहाँ एक से ज्यादा इलेक्ट्रोन हों, वहाँ सब-के-सब एक ही कक्ष में घूमेंगे। एक कक्ष पर ज्यादा-से-ज्यादा 2 इलेक्ट्रोन रह सकते हैं। जो कक्ष केन्द्र के सबसे करीब होता है, उसे पहला इलेक्ट्रोन-आवरण कहते हैं। उसके बाद के 4 कक्ष मिलकर दूसरा आवरण बनाते हैं। उसके बाद के 9 कक्ष मिलकर तीसरा और उसके भी बाद के 16 कक्ष मिलकर चौथा आवरण तैयार करते हैं। इसी तरह एक के बाद दूसरा, कई आवरणों की बात आती है।

इलेक्ट्रोन के बारे में तीसरी बात

एक ही आवरण या Electron Shell में एक से ज्यादा इलेक्ट्रोन भी रह सकते हैं; फिर भी इस संख्या की एक हद होती है। किस तरह की हद?

आवरण	ज्यादा-से-ज्यादा इलेक्ट्रोनों की संख्या
पहला	$2 \times 1^2 = 2$
दूसरा	$2 \times 2^2 = 8$
तीसरा	$2 \times 3^2 = 18$
चौथा	$2 \times 4^2 = 32$

फिर किस नियम से हिसाब किया जाएगा कि किस-किस आवरण में कितने-कितने इलेक्ट्रोन हैं? नियम यह है कि पहले अन्दर के आवरणों में जितने इलेक्ट्रोन रहना सम्भव है, वह पूरा हो लेगा; फिर बाहर के आवरणों में। मगर एक बात याद रखने की है कि किसी भी परमाणु के बाहरी आवरण में 8 से ज्यादा इलेक्ट्रोन नहीं रह सकते। कुछ उदाहरण, जैसे :

मौलिक पदार्थ का नाम और पारमाणविक संख्या		भिन्न-भिन्न आवरण में इलेक्ट्रोन-संख्या						
		पहला	दूसरा	तीसरा	चौथा	पाँचवाँ	छठा	सातवाँ
1	H	1						
2	He	2						
3	Li	2	1					
6	C	2	4					
8	O	2	6					
10	Ne	2	8					
11	Na	2	8	1				
16	S	2	8	6				
17	Cl	2	8	7				
19	K	2	8	8	1			
20	Ca	2	8	8	2			
29	Cu	2	8	18	1			
48	Ag	2	8	18	18	1		
92	U	2	8	18	32	18	12	2

ऊपर की तालिका से पता चलता है कि चूँकि लिथियम (Li) के पहले आवरण के दो इलेक्ट्रोन के बाद किसी इलेक्ट्रोन की जगह नहीं हो सकती, इसलिए बाकी को दूसरे आवरण में जगह मिली। इसी प्रकार सोडियम (Na) के पहले आवरण की सबसे ज्यादा इलेक्ट्रोन-संख्या चूँकि 2 है और दूसरे आवरण में चूँकि 8 है, इसलिए उसका ग्यारहवाँ इलेक्ट्रोन तीसरे आवरण में पड़ा।

रासायनिक मिलन और वैलेन्सी की व्याख्या

मिलन कैसे हुआ? Cl के सबसे बाहरी आवरण में 7 इलेक्ट्रोन हैं, जबकि 8 इलेक्ट्रोन तक आ सकते हैं। यानी Cl के बाहरी आवरण में 1 और इलेक्ट्रोन आने की गुंजाइश है। दूसरी ओर H के आवरण में 1 इलेक्ट्रोन है। यौगिक मिलन के समय जब H और Cl के एक-एक परमाणु करीब आते हैं तो H के आवरण का इलेक्ट्रोन Cl के सबसे बाहरी आवरण में, 1 इलेक्ट्रोन की जगह खाली रहने के कारण, उस शून्य स्थान में बैठ जाता है। इस तरह 1 H परमाणु 1 Cl परमाणु से मिलता है।

एक और उदाहरण :

$$H_2 + O \rightarrow H_2O$$

यहाँ क्या होता है? O के सबसे बाहर वाले आवरण में 6 इलेक्ट्रोन हैं, इसलिए वहाँ 2 और इलेक्ट्रोन की गुंजाइश हो सकती है। सो H_2 से मिलने के समय 2H के 2 इलेक्ट्रोन O के बाहरी कक्ष के उन 2 इलेक्ट्रोन की जगह को भर देते हैं। इससे यह पता चलता है कि यौगिक मिलन के समय कुछ परमाणु इलेक्ट्रोन देते हैं और कुछ परमाणु इलेक्ट्रोन लेते हैं। देने वाला है 'डोनर' (Doner) और लेने वाला 'रिसीवर' (Receiver)। इसका मतलब यह होता है कि जो परमाणु जितने इलेक्ट्रोन दे सकता है, उसकी वैलेन्सी उतनी ही है और जो जितना ले सकता है, उसकी भी वैलेन्सी उतनी ही।

अब इस तरह H की वैलेन्सी कितनी होगी? 1 होगी, क्योंकि वह 1 इलेक्ट्रोन दे सकता है।

और Cl की? उसकी भी 1; क्योंकि वह 1 इलेक्ट्रोन ले सकता है।

O की क्या होगी? 2, क्योंकि वह 2 इलेक्ट्रोन ले सकता है। साधारण तौर पर हाइड्रोजन और धातु इलेक्ट्रोन दिया करते हैं। और इनकी रिड्यूस करने की क्षमता इसी पर निर्भर करती है कि ये इलेक्ट्रोन देते कितना हैं। दूसरी ओर ऑक्सीजन और अधातु साधारण तौर पर इलेक्ट्रोन लिया करते हैं। इसलिए इनकी ऑक्सीडाइज़ करने की क्षमता इसपर निर्भर है कि ये इलेक्ट्रोन लेते कितना हैं।

लेकिन जब अधातु से अधातु का मिलन होता है? तब उनमें से एक इलेक्ट्रोन का दान करेगा और दूसरा वह दान लेगा। दो उदाहरण लें :

$$2Na + 5O_2 \rightarrow 2N_2O_5$$

N के सबसे बाहर वाले कक्ष में 5 इलेक्ट्रोन हैं, O के 6। O की कोशिश रहती है इलेक्ट्रोन लेने की। लेकिन एक-एक O परमाणु 2-2 इलेक्ट्रोन ले सकता है और एक-एक N परमाणु 5-5 इलेक्ट्रोन दे सकता है। इसीलिए ऐसे में N की वैलेन्सी 5 होती है। इसलिए $2N_2$ कुल 20 इलेक्ट्रोन दे सकता है और $2O_2$ कुल 20 इलेक्ट्रोन ले सकता है।

लेकिन N की वैलेन्सी 3 भी हो सकती है। कब? जबकि N इलेक्ट्रोन दान करने के बजाय लेना चाहता है। उसके बाहरी आवरण में 5 इलेक्ट्रोन होते हैं, इसलिए 3 इलेक्ट्रोन लेने की गुंजाइश उसमें है। इसीलिए वैलेन्सी 3 हुई। जैसे NH_3 (अमोनिया)।

पर्याय-सारणी के वर्ग VI में जो पदार्थ हैं, उनके एक-एक परमाणु के बाहरी कक्ष में 6-6 इलेक्ट्रोन हैं और कभी तो वे इलेक्ट्रोन देते हैं, कभी लेते हैं। इसलिए उनकी वैलेन्सी 6 या 2 है।

ऐसे ही कारण से वर्ग VII के परमाणुओं की वैलेन्सी 7 या 1 होती है।

अब inert गैसों की बात सोचें। इनकी वैलेन्सी क्यों नहीं होती? क्योंकि इनके परमाणुओं के बाहरी आवरण बिल्कुल भरे हैं। भरे हैं, यानी उनमें इलेक्ट्रोन लेने की गुंजाइश ही नहीं। फिर वे सब अधातु हैं, लिहाजा उनको परमाणु देना भी नहीं है। इसलिए इलेक्ट्रोन देना-लेना उनके लिए सम्भव नहीं। उनकी वैलेन्सी नहीं।

पर्याय-सारणी के वर्ग की व्याख्या

तालिका में हमने देखा है, बहुत-से मौलिक पदार्थ एक ही वर्ग में पड़ते हैं। ऐसा क्यों? इसलिए कि उनके रासायनिक लक्षण एक-से हैं। एक ही-से क्यों हैं आखिर? क्योंकि परमाणु के बाहरी कक्ष के इलेक्ट्रोन की संख्या के अनुसार रासायनिक लक्षण होता है—यौगिक मिलन का नियन्त्रण इलेक्ट्रोन ही करते हैं। प्रत्येक वर्ग के परमाणुओं के बाहरी कक्ष की इलेक्ट्रोन-संख्या समान होती है, इसीलिए उनके रासायनिक लक्षण भी एक-से होते हैं।

लेकिन ताँबा (Cu), लोहा (Fe), चाँदी (Ag), सोना (Au) आदि के नमूने कुछ पेचीदा पड़ते हैं। सो यहाँ हम उनका जिक्र नहीं करेंगे।

प्रयोगशाला की पद्धति

अब उन कुछ पद्धतियों से परिचित कराएँ, जिनसे प्रयोगशाला का काम चलता है।

1. द्रवण और निथार (Solution & Filtration)

पानी में नमक डाल दें तो थोड़ी देर में नमक का पता न रहेगा। नमक पानी में घुल जाता है। बेशक सभी चीज़ें नहीं घुलतीं, कोई-कोई घुलती है। और ऐसी भी बात नहीं कि सब चीज़ें पानी से ही घुलें। गन्धक (S) पानी में नहीं घुलता। वह घुलता है कार्बन डाइसल्फाइड (CS_2) नाम के एक तरल पदार्थ से। इस तरह नमक का द्रावक या घुलाने वाला (Solvent) हुआ पानी और गन्धक का कार्बन डाइसल्फाइड।

प्रयोगशाला में बहुत बार दो चीज़ें घुली-मिली (Mixture) रहती हैं। काम करने के लिए दोनों को अलग कर लेने की जरूरत पड़ती है। तो कैसे अलग करेंगे? मिली हुई दो चीजों में से एक अगर घुलने वाली हो तो पहले इस मिक्सचर को घुलाने वाली चीज या द्रावक में डाल दें। घुलने वाली चीज घुल जाएगी। दूसरी नहीं घुलेगी। उसके बाद छानने वाले कागज से छान लें तो दोनों चीजें अलग हो जाएँगी। यह है निथारना (Filtration)।

2. आसवन (Distillation)

लेकिन घुलने वाली चीज़ घुली हुई हो तो उसे उसके घुलाने वाले (द्रावक) से कैसे अलग करेंगे? यह काम जिस पद्धति से किया जाता है, उसे आसवन

(Distillation) कहते हैं। उदाहरण के लिए, अगर पानी में नमक घुला हुआ है, तो पानी को उबाल कर भाप बनाएँगे और किसी नली से उस भाप को किसी बन्द बरतन में पहुँचाकर फिर से ठण्डा करेंगे। भाप फिर से पानी बन जाएगी और इधर जब बरतन का सारा पानी भाप बनकर उड़ जाएगा तो बरतन में नमक बचा रह जाएगा। इस तरह नमक और पानी अलग-अलग हो जाएगा।

3. विद्युत-विश्लेषण (Electrolysis)

शुद्ध पानी में बिजली नहीं प्रवाहित होती। पानी में अगर कोई एसिड, ऐलकली या धातु का नमक घोला जाए तो उसमें बिजली दौड़ सकती है। इस बिजली दौड़ने से घुले पदार्थ के अणु टूटकर परमाणु या रैडिकल बन जाते हैं और बिजली वाले तार के दोनों छोरों पर वे परमाणु या रैडिकल जमा होते रहते हैं। रैडिकल होने से पानी के साथ उनकी नई रासायनिक प्रक्रिया होती है, जिससे बिजली वाले तार के दोनों किनारों पर साधारणतया दो मौलिक पदार्थ पाए जाते हैं। इस पद्धति को विद्युत-विश्लेषण कहते हैं।

बिजली के तारों में से एक पॉजिटिव और दूसरा नेगेटिव होता है। विद्युत-विश्लेषण से हाइड्रोजन और धातु तो नेगेटिव के छोर पर और अधातु पॉजिटिव के छोर पर जमा होता है।

कुछ उदाहरण :

NaCl घुली हुई अवस्था में है। विद्युत-विश्लेषण किया गया तो पॉजिटिव के छोर पर Cl और नेगेटिव के छोर पर Na जमा होगा, यानी $Na + Cl \rightarrow NaCl$।

इसी तरह H_2SO_4 घुला हुआ है। विद्युत-विश्लेषण से नेगेटिव के किनारे जमा होगा H_2; पॉजिटिव के किनारे SO_4 (रैडिकल)। और पानी के साथ SO_4 की रासायनिक प्रक्रिया के फलस्वरूप H_2SO_4 और O_2 तैयार होगा। नतीजा यह निकलेगा कि नेगेटिव के किनारे H_2 और पॉजिटिव के किनारे O_2 मिलेगा। H_2SO_4 पहले-सा ही रह जाएगा। मतलब यह हुआ कि ऐसे में विद्युत-विश्लेषण से केवल पानी ही टूटेगा। अर्थात् $H_2SO_4 \rightarrow H_2 + SO_4$; फिर $2SO_4 + 2H_2O \rightarrow 2H_2SO_4 + O_2$।

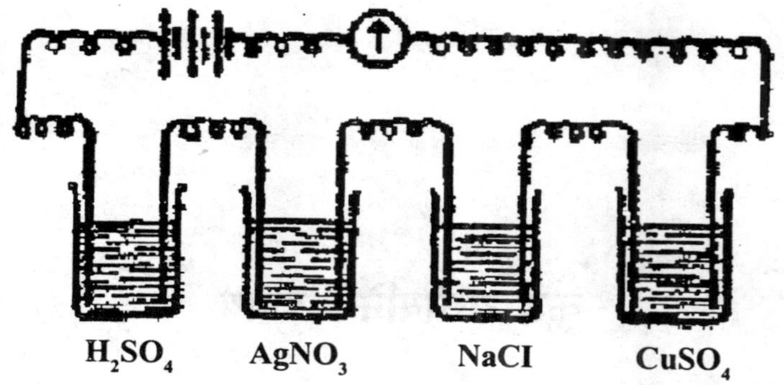

इसी प्रकार, सिलवर-नाइट्रेट ($AgNo_3$) के विद्युत-विश्लेषण में हम देखेंगे कि नेगेटिव के किनारे Ag और पॉजिटिव के किनारे O_2 मिलेगा। ऐसा क्यों? $AgNO_3 \rightarrow Ag + NO_3$; उसके बाद $2NO_3 + 2H_2O \rightarrow 2HNO_3 + O_2$।

और $CuSO_4$ में नेगेटिव के छोर पर Cu और पॉजिटिव के किनारे O_2 मिलेगा।

पानी में हाइड्रोजन और ऑक्सीजन कितना-कितना है, इसकी जाँच के लिए विद्युत-विश्लेषण की जरूरत पड़ती है। हाँ, पानी को विद्युत चलाने लायक बनाने के लिए उसमें H_2SO_4 (सल्फ्यूरिक एसिड) की कुछ बूँदें डाल दी जाती हैं। प्रयोगशाला में काम आने वाले यन्त्र की तस्वीर दी जा रही

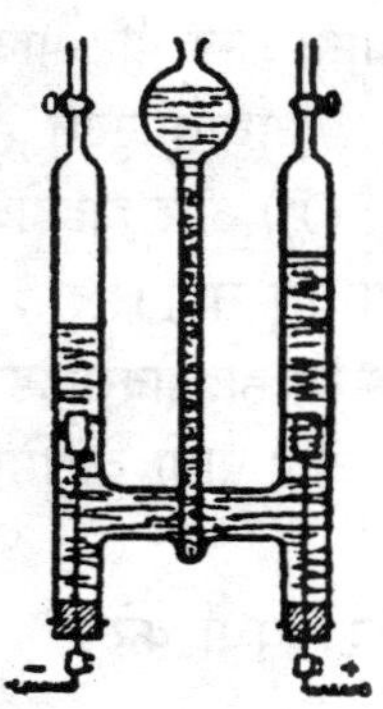

है। नेगेटिव के छोर पर H_2 और पॉजिटिव के छोर पर O_2 जमा होता है और दोनों बगल के दो सिलेंडरों पर चढ़ जाते हैं। उन्हें तोलकर देखने से पता चल सकता है कि H_2 का वज़न O_2 से दुगुना है।

कुछ रासायनिक पदार्थ

धातु और अ-धातु

पहले कुछ अधातु फिर कुछ धातु की चर्चा करेंगे। लेकिन धातु और अधातु में फर्क क्या है?

1. धातु रोशनी प्रतिफलित करते हैं, इसीसे वे चकमकाते हैं। अधातु रोशनी नहीं प्रतिफलित करते।

2. अधातु मामूली ताप में गैस, तरल और ठोस रूप में रह सकते हैं; पारा (Hg) को छोड़कर बाकी सभी धातु मामूली ताप में ठोस अवस्था में रहते हैं।

3. धातु आसानी से बिजली और ताप वहन कर सकते हैं, अधातु यह नहीं कर सकते।

4. धातु नमनीय होते हैं यानी उन्हें पीट-पाट कर विभिन्न आकारों में जोड़ा जा सकता है, जबकि कड़े अधातु टूटते हैं।

5. सल्फ्यूरिक एसिड (H_2SO_4) और हाइड्रोक्लोरिक एसिड (HCl) में धातु साधारणतया गलते हैं, अधातु नहीं।

6. साधारणतया ऑक्साइड या हाइड्रोक्साइड धातुओं का बेस (Base) होता है; अधातु के ऑक्साइड और पानी के मिलन से एसिड तैयार होता है।

तो पहले कुछ अधातुओं की चर्चा करें।

ऑक्सीजन

अधातुओं में सबसे पहले ऑक्सीजन को लें, क्योंकि इसका महत्व भी सबसे

ज्यादा है और संसार में यह मिलता भी बहुत अधिक है। कुल मिलाकर पृथ्वी का जो वजन है, उसका पचास फीसदी ऑक्सीजन का है। आयतन के हिसाब से वायुमण्डल के चार भाग का एक भाग, और वजन के हिसाब से पानी के सात भाग का चार भाग ऑक्सीजन है। ऑक्सीजन न हो तो जीना सम्भव नहीं, दहन सम्भव नहीं।

ऑक्सीजन पाने का तरीका

प्रयोगशाला में किस उपाय से विशुद्ध रूप में ऑक्सीजन मिल सकता है? विद्युत-विश्लेषण के सहारे पानी से ऑक्सीजन पाया जा सकता है। लेकिन इसमें समय बहुत ज्यादा लगता है। इसलिए प्रयोगशाला में आमतौर से दूसरे तरीके से काम लिया जाता है। जिस पदार्थ में ऑक्सीजन काफी मात्रा में होता है, उसे काफी तपाया जाए तो ऑक्सीजन को उससे अलग किया जा

$$2KClO_2 \rightarrow 2KCl + 3O_4 \nearrow$$

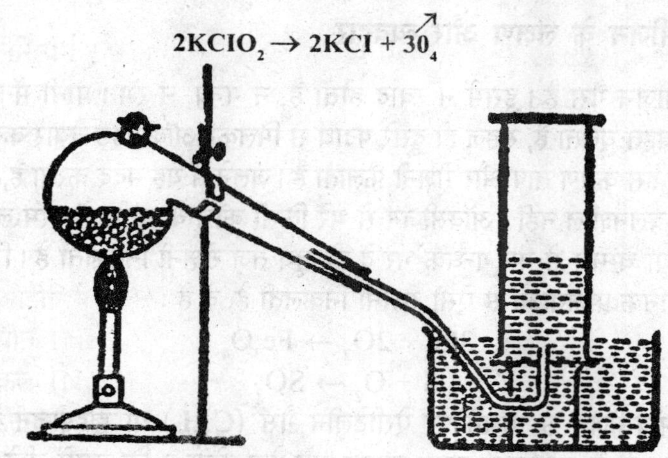

सकता है। जैसे, पोटाशियम क्लोरेट ($KClO_3$)। ऊपर की तस्वीर में बाईं ओर के पात्र में ($KClO_3$) को गरम किया जा रहा है। दायीं ओर पानी में जो काँच का बर्तन उल्टा रखा है, ऑक्सीजन अलग होकर उसी में जमा हो रहा है। समीकरण भी चित्र के साथ दिया गया है।

अनुघटन (Catalysis)

पोटाशियम क्लोरेट से ऑक्सीजन उसे काफी तपाने पर ही मिलता है। इसके लिए लगभग 600 डिग्री सेंटीग्रेड ताप की जरूरत पड़ती है। लेकिन उसमें थोड़ा सा मैंगनीज़ डायोक्साइड (MnO_2) मिला देने से केवल 200 डिग्री सेंटीग्रेड ताप में ही ऑक्सीजन मिल सकता है। फिर इस प्रक्रिया के बाद भी MnO_2 ज्यों-का-त्यों बना रह जाता है। उसमें किसी तरह का रासायनिक परिवर्तन नहीं होता। यानी सिर्फ MnO_2 की मौजूदगी से ही यह रासायनिक प्रक्रिया आसानी से होती है। इस तरह के पदार्थ को, जिसकी सिर्फ मौजूदगी से ही एक रासायनिक प्रक्रिया होती है और खुद उसमें किसी तरह का कोई परिवर्तन नहीं होता, अनुघटक (Catalyst) कहते हैं और उसकी सहायता से जो प्रक्रिया होती है, उसे अनुघटन (Catalysis) कहते हैं।

ऑक्सीजन के लक्षण और व्यवहार

ऑक्सीजन गैस है। इसमें न स्वाद होता है, न गन्ध, न रंग। पानी में यह थोड़ा-बहुत घुलता है, सहज ही दूसरे पदार्थ से मिलकर ऑक्साइड तैयार करता है और इस कारण ताप और रोशनी फैलाता है। जलने में यह मदद करता है, पर स्वयं ज्वलनशील नहीं। ऑक्सीजन से भरे किसी काँच के बर्तन में गरम लाल लोहा या चम्मच से गर्म गन्धक भर दें तो खूब तेज़ रोशनी निकलती है। जिन रासायनिक प्रक्रियाओं से ऐसी रोशनी निकलती है, वे हैं :

$$3Fe + 2O_2 \rightarrow Fe_3O_4$$

$$S + O_2 \rightarrow SO_2$$

ऑक्सीजन से मिलने पर ऐसीटेलीन गैस (C_2H_2) या हाइड्रोजन गैस जब जलती है, तो उससे इतना ज्यादा ताप पैदा होता है कि उसमें लोहे को मजे से गलाया जा सकता है।

चिकित्सा-शास्त्र में ऑक्सीजन का उपयोग सबको मालूम है।

हाइड्रोजन

खुले रूप में हाइड्रोजन दुनिया में बहुत कम ही मिलता है। मगर सूर्य में

इसका परिमाण बहुत अधिक है। जिन यौगिक पदार्थों में हाइड्रोजन पाया जाता है, उनमें से मुख्य हैं–पानी, सभी जैव पदार्थ (Organic Compounds) और एसिड।

प्रयोगशाला में मुख्यतः एसिड और ऐलकली से ही हाइड्रोजन निकालने का प्रबन्ध किया जाता है। कैसे? एक तो विद्युत्-विश्लेषण के जरिए, दूसरे, पानी में पोटाशियम (K) या सोडियम (Na) डाल देने से उसमें से हाइड्रोजन निकलता रहता है। ये दोनों प्रक्रियाएँ हैं :

$$2K + 2H_2O \rightarrow 2KOH + H_2$$
$$2Na + 2H_2O \rightarrow 2NaOH + H_2$$

गरम लोहे में से पानी की भाप चलाने से भी हाइड्रोजन मिलता है, क्योंकि लोहा भाप से ऑक्सीजन को खींच लेता है। यह प्रक्रिया है :

$$3Fe + 4H_2O \rightarrow Fe_2O_4 + 4H_2$$

लेकिन जस्ता (Zn) और सल्फ्यूरिक एसिड (H_2SO_4) या हाइड्रोक्लोरिक एसिड (HCl) से ही ज्यादातर हाइड्रोजन प्रयोगशालाओं में निकाला जाता है। इसकी प्रक्रिया है :

$$Zn + H_2SO_4 \rightarrow ZnSO_4 + H_2$$
$$Zn + 2HCl \rightarrow ZnCl_2 + H_2$$

हाइड्रोजन के रासायनिक लक्षण और व्यवहार क्या-क्या हैं? हाइड्रोजन गैस है। इसमें न स्वाद है, न गन्ध, न रंग। पदार्थों में यह सबसे हल्का होता है। इसीलिए बैलून में इसी गैस का व्यवहार किया जाता है। यह जल्दी जल जाने वाला है, मगर जलने में सहायक नहीं होता। हाइड्रोजन-भरी बोतल में जलती हुई तीली डाल दें तो गैस जल उठेगी, पर जलती हुई तीली बुझ जाएगी। हाइड्रोजन की खूबी है कि वह दूसरे यौगिक पदार्थों से ऑक्सीजन को सहज ही खींच ले सकता है, लिहाजा रिड्यूसर या रिड्यूसिंग एजेन्ट यह जोरदार है। इसके संपर्क में आकर धातव ऑक्साइड आसानी से धातु में बदल जाता है। जैसे,

$$CuO + H_2 \rightarrow Cu + H_2O$$

उद्योग में हाइड्रोजन का कीमती काम वनस्पति-घी जैसा नकली घी तैयार करना है। पेड़-पौधों से मिलने वाले तेल (तिल या बादाम का तेल) को गरम करके उसमें हाइड्रोजन चला देने से यह नकली घी मिलता है। हाँ,

इसके लिए निकल का चूरा मिलाना जरूरी होता है। मतलब कि यहाँ निकल का चूरा अनुघटक का काम करता है।

ओज़ोन (Ozone)

ऑक्सीजन में बिजली की चिनगी छुलाने या जोरदार अल्ट्रा-वायलेट किरण चलाने से एक तरह की झाँस और महक वाली गैस मिलती है। इसे 'ओज़ोन' कहते हैं। प्रयोगशाला में साधारण तौर पर बिजली की चिनगी के सहारे ही ओज़ोन तैयार किया जाता है। चित्र देखिए :

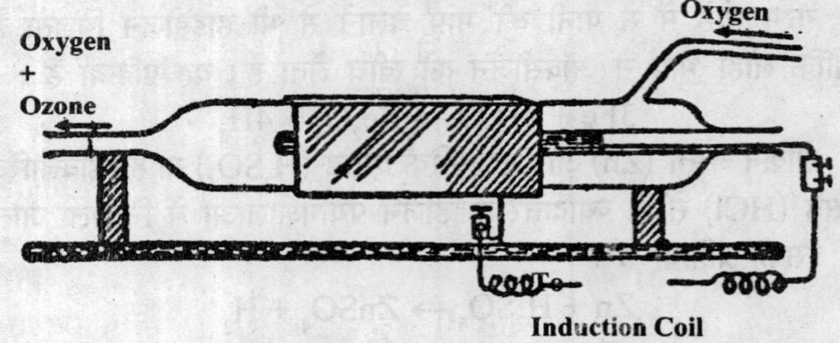

वायुमण्डल के ऊँचे स्तर में यह ओज़ोन काफी है--यहाँ सूरज की रोशनी की अल्ट्रा-वायलेट किरण से यह बनता है।

हिसाब लगाकर देखा गया है, हर 3 घन सेंटीमीटर ऑक्सीजन से 2 घन सेंटीमीटर ओज़ोन पाया जाता है। अतएव एवोगाद्रो के नियम के अनुसार, 3 अणु ऑक्सीजन से 2 अणु ओज़ोन मिलता है। यानी एक ओज़ोन-परमाणु में ऑक्सीजन के 3 परमाणु हैं। यानी, $3O_2 \rightarrow 2O_3$

इस तरह ओज़ोन का अणुचित्र होगा :

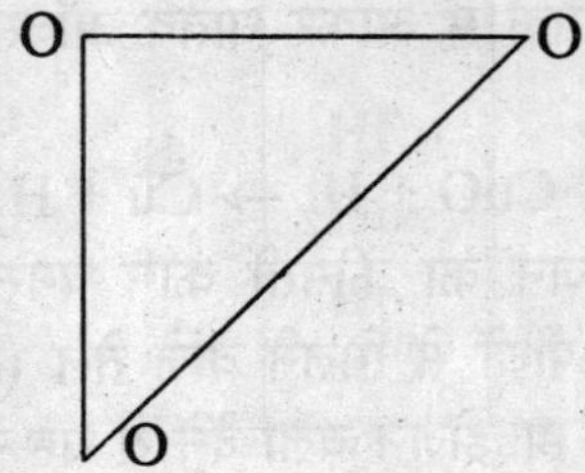

इसका मतलब यह हुआ कि 'ओज़ोन' ऑक्सीजन का ही एक रूपान्तर है--एक ही मौलिक पदार्थ दो जगह दो अलग रूपों में है। एक ही मौलिक पदार्थ जब यों दो या उससे अधिक रूपों में रहता है, तो उसे ऐलोट्रोपी (Allotropy) कहते हैं। तो 'ओज़ोन' ऑक्सीजन का ऐलोट्रोप (Allotrope) कहलाएगा। ऐलोट्रोपी के कारण पदार्थ के रासायनिक गुण कुछ-कुछ बदल जाते हैं। जैसे, ऑक्सीडाइज़ करने की क्षमता ओज़ोन में ऑक्सीजन से ज्यादा है।

जैव पदार्थ को ओज़ोन बड़ी आसानी से ऑक्सीडाइज़ या दहन करता है। कीटाणु-नाश के लिए उसका व्यवहार किया जाता है। हवा को साफ करने के लिए (खानों या पनडुब्बियों में) ओज़ोन काम में लाया जाता है।

तारपीन का तेल ऑक्सीजन को नहीं सोखता, लेकिन काफी ओज़ोन को सोख लेता है।

क्लोरीन, ब्रोमीन, आयोडीन

ऊपर के तीन मौलिक पदार्थों को हैलोजेन (Halogens) कहते हैं। हैलोजेन--यानी जिनसे समुद्री नमक तैयार होता है। इनसे सोडियम या पोटाशियम धातुओं के मिलन से जो यौगिक पदार्थ बनते हैं, उन सबका लक्षण समुद्री नमक जैसा होता है। जैसे, NaCl, NaBr, KCl, KBr, NaI, KI। पर्याय-सारणी में देखिए, ये तीनों मौलिक पदार्थ वर्ग VIIb में हैं। मतलब कि इन सबके लक्षण एक-से हैं। ये चूँकि मजे में दूसरे पदार्थों से मिल सकते हैं, इसीलिए प्रकृति में ये मुक्त रूप में नहीं पाए जाते। ऊपर बताए गए NaCl आदि यौगिक पदार्थों में ही ये पाए जाते हैं। तो इस तरह के यौगिक पदार्थों से Cl, Br या I कैसे मिलेंगे? मिलेंगे उन यौगिक पदार्थों में MnO_2 और H_2SO_4 को मिलाकर गर्म करने से। प्रक्रियाएँ होंगी :

(1) $MnO_2+2NaCI+3H_2SO_4 \rightarrow MnSO_4+2NaHSO_4+ 2H_2O+CI_2$

(2) $MnO_2+2KBr+3H_2SO_4 \rightarrow MnSO_4+2KHSO_4+ 2H_2O+BR_2$

(2) $MnO_2+2KI+3H_2SO_4 \rightarrow MnSO_4+2KHSO_4+2H_2O+I_2$

क्लोरीन और ब्रोमीन के लिए प्रयोगशाला में जिस यन्त्र का इस्तेमाल किया जाता है, उसका चित्र यहाँ दिया जा रहा है। बाईं ओर के पात्र में

MnO_2 और H_2SO_4 के साथ क्लोराइड या ब्रोमाइड गर्म किया जा रहा है। ऐसे में क्लोरीन या ब्रोमीन गैस बनकर तीसरे पात्र में जाता है। लेकिन उनके साथ-साथ कुछ दूसरी भी चीज़ें भाप होकर निकल जाती हैं। दूसरे

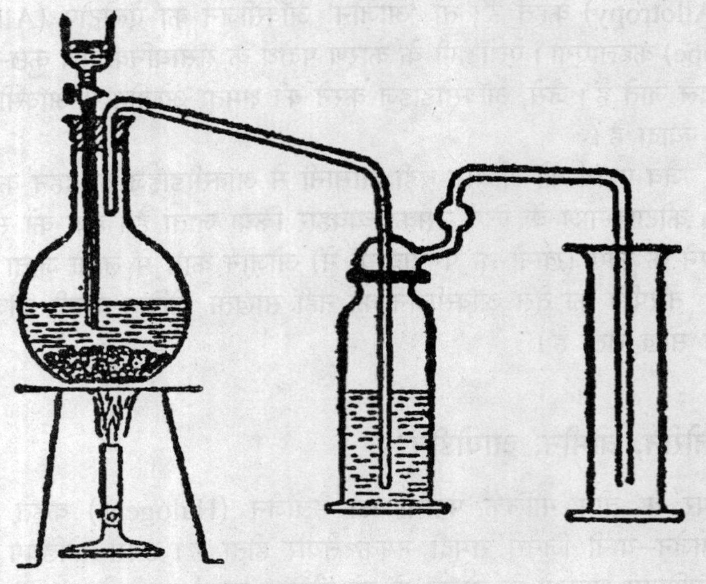

पात्र में पानी है। इसमें वे दूसरी चीज़ें घुल जाती हैं। आयोडीन के लिए बीच वाले दूसरे पात्र की जरूरत नहीं पड़ती।

अब हम क्लोरीन, ब्रोमीन और आयोडीन के रासायनिक लक्षणों की तालिका बनाएँगे। उस तालिका (पृ. 103 पर) से यह देखेंगे कि एक ही वर्ग के भिन्न-भिन्न मौलिक पदार्थों के लक्षणों में किस ढंग से परिवर्तन आता है।

नाइट्रोजनयुक्त दो यौगिक पदार्थ

आयतन के हिसाब से हवा के पाँच हिस्से का चार हिस्सा नाइट्रोजन है। लेकिन मौलिक पदार्थ की दृष्टि से खुद नाइट्रोजन का उतना महत्व नहीं। अमोनिया (NH_3) और नाइट्रिक एसिड (HNO_3) नाम के दो नाइट्रोजनयुक्त यौगिक पदार्थ हैं, जो बहुत ही काम के हैं।

क्लोरीन	ब्रोमीन	आयोडीन
1. पीलापन लिये हरी गैस–विष।	1. गाढ़ा लाल, तरल पदार्थ–विष।	1. काला-काला, चकमक ठोस पदार्थ–विष।
2. रासायनिक रूप में बेहद क्रियाशील (सब धातुओं से यौगिक मिलन–Na, K, Fe, Cu धातु अगर गरम हालत में मिलें तो आग जल उठती है)।	2. कुछ कम क्रियाशील (अधिकतर धातुओं से यौगिक मिलन होता है–क्लोरीन की तरह कई बार दहन में सहायता करता है)।	2. बहुत कम क्रियाशील (और भी कम धातुओं से मिलता है, पर दहन में किसी को सहायता नहीं देता)।
3. हाइड्रोजन से मिलकर HCI तैयार करता है।	3. हाइड्रोजन से मिलता है, पर उतनी आसानी से नहीं–उसके लिए काफी उत्ताप चाहिए। मिलन का नतीजा HBr।	3. केवल उत्ताप बढ़ाकर ही हाइड्रोजन से नहीं मिलता–कैटेलिस्ट के रूप में प्लैटीनम धातु की मौजूदगी ज़रूरी होती है, फल HI ।
4. हाइड्रोजन से मिलने से जो यौगिक पदार्थ (HCI) बनता है, वह गैस है, तेज़ एसिड है और रिड्यूस करने की क्षमता कम है।	4. HBr भी गैस और एसिड है; रिड्यूस करने की क्षमता अपेक्षाकृत बहुत ज़्यादा है।	4. HI भी गैस और एसिड है और रिड्यूस करने की क्षमता और भी अधिक है।
5. अधिकांश अधातु से सहज ही मिल सकता है।	5. क्लोरीन से कम लेकिन बहुत-सी अधातुओं से मिल सकता है।	5. गिने-चुने कुछ धातुओं से मिल सकता है।
6. HCI पानी में घुलता है।	6. लक्षण एक ही है।	6. लक्षण एक ही है।

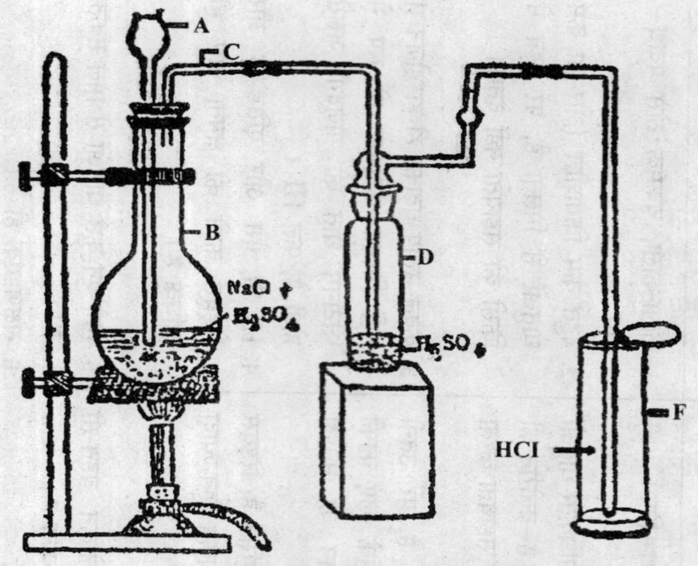

हाइड्रोक्लोरिक एसिड तैयार करने का तरीका

अमोनिया (NH_3)

यह एक गैस है। अमोनियम क्लोराइड (NH_4Cl) और कैल्सियम हाइड्रोक्साइड [$Ca(OH)_2$] –इन दो को मिलाकर गर्म करने से अमोनिया गैस मिलती है और हल्के ताप में कुछ NH_3 भी तैयार होती है। स्मेलिंग साल्ट में ये दोनों, यानी $(NH_4)_2CO_3$ और $Ca(OH)_2$ मिला रहता है--हल्के उत्ताप में दोनों के मिलन से कुछ अमोनिया गैस बनती है। स्मेलिंग साल्ट सूँघते समय जो झाँस मिलती है, वह इसी अमोनिया की है। इस मिलन का समीकरण है,

$$2NH_4Cl + Ca(OH)_2 \rightarrow CaCl_2 + 2NH_3 + 2H_2O$$

अमोनिया का एक मुख्य उपयोग यह है कि प्लैटिनम के सहारे इसे ऑक्सीजन से मिलाकर नाइट्रिक एसिड (HNO_3) तैयार किया जाता है। $NH_3 + 2O_2 \rightarrow HNO_3 + H_2O$। लगभग सभी तरह के विस्फोटक नाइट्रिक एसिड से ही बनते हैं। इसलिए लड़ाई के दिनों अमोनिया की बड़ी जरूरत होती है। पहले महायुद्ध के समय जर्मनी में अमोनिया और नाइट्रिक

एसिड तैयार करने के कच्चे माल की कमी पड़ गई थी, सो वहाँ के वैज्ञानिकों ने सीधे नाइट्रोजन से हाइड्रोजन का यौगिक मिलन कराके अमोनिया बनाने का प्रबन्ध किया। इस तरीके से हाइड्रोजन में तिगुना नाइट्रोजन 550 सेंटीग्रेड उत्ताप में तथा स्वाभाविक दबाव (76 सेंटीमीटर) के 200 गुणा दबाव में प्लैटिनम कैटेलिस्ट के सहारे मिलाकर अमोनिया गैस तैयार की जाती है। इसका समीकरण है :

$$H_2 + 3N_2 \rightarrow 2NH_3$$

पानी में घुलकर अमोनिया का अमोनियम हाइड्रोक्साइड (NH_4OH) नाम का यौगिक पदार्थ बनता है। $NH_3 + H_2O \rightarrow NH_4OH$। यह दरअसल ऐलकली है, क्योंकि इसके संसर्ग में आकर लाल लिटमस नीला हो जाता है। लिहाजा NH_3 को हम बेस (Base) या क्षार कह सकते हैं। इसी कारण NH_3 से ज्यादातर एसिड की रासायनिक प्रक्रिया होती है, जिससे कई प्रकार के अमोनियम नमक (Amonium Salts) बनते हैं। उदाहरण के लिए,

1. $NH_3 + HCl \rightarrow NH_4Cl$ (अमोनियम क्लोराइड)। टार्च की बैटरी बनाने में NH_4Cl प्रयुक्त होता है।

2. $2NH_3 + H_2SO_4 \rightarrow (NH_4)_2SO_4$ (अमोनियम सल्फेट)। खाद के रूप में अमोनियम फॉसफेट $(NH_4)_3PH_4$ नाम के नमक का उपयोग बहुत ज्यादा होता है।

नाइट्रिक एसिड (HNO_3)

पोटाशियम नाइट्रेट (KNO_3) या सोडियम नाइट्रेट ($NaNO_3$) को सल्फ्यूरिक एसिड के साथ गर्म करने से HNO_3 मिलता है–$KNO_3 + H_2SO_4 \rightarrow KHSO_4 + HNO_3$। या $NaNO_3 + H_2SO_4 \rightarrow NaHSO_4 + HNO_3$। HNO_3 चूँकि खूब हल्की आँच में ही भाप बन जाता है, इसलिए तैयार करते समय HNO_3को तरल अवस्था में पाने के लिए आसवन-पद्धति (Distillation) का सहारा लिया जाता है।

HNO_3 की विशेष रासायनिक खूबी यह है कि इसमें ऑक्सीडाइज़ करने की क्षमता बहुत ज्यादा होती है। कोयले के टुकड़े (कार्बन) को

HNO_3 में डाल देने से उसमें आग लग जाती है। इस दहन का समीकरण है :

$$C + 4HNO_3 \rightarrow CO_2 + 4NO_2 + 2H_2O$$

जमीन के लिए खाद तैयार करने और विस्फोटक पदार्थ तैयार करने के लिए नाइट्रिक एसिड की जरूरत पड़ती है।

सल्फर (गन्धक)

गन्धक मौलिक पदार्थ के रूप में प्रकृति में पाया जाता है, खासकर उन इलाकों में, जहाँ ज्वालामुखी हैं। खान से गन्धक किस प्रकार निकाला जाता है, इसका चित्र नीचे दिया जा रहा है। तीन नलियों में से सबसे अन्दर की नली से गर्म हवा और सबसे बाहर वाली नली से गर्म पानी या भाप पम्प के अन्दर दाखिल कराई जाती है।

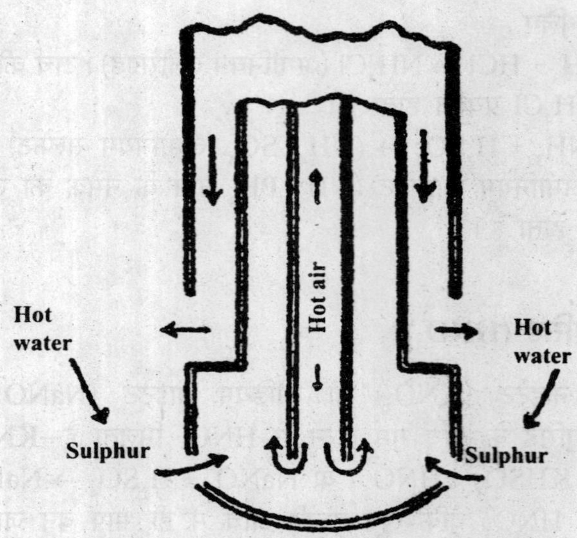

गन्धक कड़ी चीज है, पर नली से गर्म हवा और गर्म पानी जाने के कारण गलकर उसी के दबाव से तीसरी नली से बाहर निकल आता है।

पर्याय-सारणी में गन्धक और ऑक्सीजन एक ही वर्ग (VIb) में हैं।

इसलिए दोनों के रासायनिक गुणों में समानता है। ऑक्सीजन का ऐलोट्रोप होता है ओज़ोन, उसी प्रकार सल्फर के भी भिन्न-भिन्न ऐलोट्रोप होते हैं, मगर हम यहाँ उनका जिक्र नहीं करेंगे।

ऑक्सीजन की तरह गन्धक H_2 और Cu, Fe, Sn आदि पदार्थों से मिलकर सल्फाइड नाम का यौगिक पदार्थ तैयार कर सकता है। ऑक्सीजन और सल्फर के मिलन से दो ऑक्साइड बनते हैं--SO_2 (सल्फर डायोक्साइड) और SO_3 (सल्फर ट्रोयोक्साइड)। सल्फर वाले कुछ यौगिक पदार्थ हैं--H_2S, SO_2, H_2SO_4। इनका रासायनिक महत्व बहुत ज्यादा है।

हाइड्रोजन सल्फाइड (H_2S) का सल्फ्यूरेटेड हाइड्रोजन

400^0 सेंटिग्रेड ताप में हाइड्रोजन और सल्फर के मिलन से H_2S गैस बनती है--$H_2 + S \rightarrow H_2S$। प्रयोगशाला में HCl के साथ किसी धातव सल्फाइड की रासायनिक प्रक्रिया से H_2S तैयार की जाती है। जैसे, $FeS + 2HCL \rightarrow FeCl_2 + H_2S$। इस गैस का कोई रंग नहीं होता, पर सड़े अण्डे जैसी बू होती है। क्लोरीन की तरह यह भी एक जहरीली गैस है। चूँकि यह लिटमस के रंग को लाल बना सकती है, इसलिए H_2S एसिड है। अतः धातु और बेस या ऐलकली से इसकी सहज ही रासायनिक प्रक्रिया होती है। किसी भी धातु के नमक के घोल में H_2S गैस चलाने से ही धातु का सल्फाइड तैयार होता है। H_2S की कुछ रासायनिक प्रक्रियाएँ यहाँ दी जा रही हैं :

$$H_2S + 2NaOH \rightarrow NaS + 2H_2SO_4$$
$$CuSO_4 + H_2S \rightarrow CuS + H_2SO_4$$
$$HgCl_2 + H_2S \rightarrow HgS + 2HCl$$

किसी-किसी धातु का सल्फाइड एसिड से घुलता है, किसी-किसी का ऐलकली से। बहुत से धातुओं के सल्फाइड रंगीन होते हैं। इसीलिए एसिड (साधारणतः HCl) या ऐलकली (साधारणतः NH_4OH) की मदद से या इनके रंग से बहुत से धातुओं के सल्फाइड को आसानी से पहचाना जा सकता है। जैसे, PbS काला होता है, एसिड से घुलता नहीं। इसलिए किसी धातव लवण से H_2S के सहारे इस तरह का कोई पदार्थ मिले, तो हम

समझेंगे कि उसमें Pb (सीसा) था। किसी अनचीन्हे रासायनिक पदार्थ में कौन-कौन सी धातु है, जानने के लिए रसायनशाला में H_2S का महत्व है।

सल्फर डायोक्साइड (SO_2)

सल्फर (गन्धक) में आग डालने से दहन के कारण SO_2 नाम की एक झाँस वाली गैस तैयार होती है। $S + O_2 \rightarrow SO_2$। H_2S के दहन से भी SO_2 गैस बनती है। $2H_2S + 3O_2 \rightarrow 2H_2O + 2SO_2$। रसायनशाला में Na_2SO_3 (सोडियम सल्फाइट) के साथ HCl की रासायनिक प्रक्रिया से इसे तैयार किया जाता है :

$$Na_2SO_3 + 2HCl \rightarrow 2NaCl + H_2O + SO_2$$

रासायनिक गुण के हिसाब से SO_2 रिड्यूसर है। इसलिए जो पदार्थ ऑक्सीडाइज़र हैं, उनसे SO_2 की बहुत सहज ही रासायनिक प्रक्रिया होती है। जैसे, $SO_2 + Cl_2 + 2H_2O \rightarrow 2HCl + H_2SO_4$। कभी-कभी SO_2 ऑक्सीडाइज़र होता है। जैसे, $SO_2 + 2H_2S \rightarrow 3S + 2H_2O$। SO_2 रंगीन चीज को रंगहीन (Bleach) कर सकता है। यह कीटनाशक भी है।

सल्फर ट्रायोक्साइड (SO_3) और सल्फ्यूरिक एसिड (H_2SO_4)

SO_2 से ऑक्सीजन को मिलाने से सल्फर का एक और ऑक्साइड बनता है SO_3। SO_3 से पानी का मिलन होने से H_2SO_4 या सल्फ्यूरिक एसिड तैयार होता है। H_2SO_4 की माँग काफी होने के कारण यह एक महत्वपूर्ण चीज है। H_2SO_4 के औद्योगिक उत्पादन के लिए आज जो तरीका अपनाया जाता है, वह है : SO_2 में हवा मिलाकर 450 डिग्री सेंटीग्रेड ताप में उसे प्लैटिनम (Pt) या वैनेडियम पैंटोक्साइड (V_2O_5) के संस्पर्श में लाया जाता है। फलस्वरूप हवा के ऑक्सीजन से SO_2 का मिलन होता है--$2SO_2 + O_2 \rightarrow 2SO_3$। Pt या V_2O_5 यहाँ अनुघटक हैं। SO_3 को पानी में चला देने से ही H_2SO_4 तैयार होगा :

$$SO_2 + H_2O \rightarrow H_2SO_4 ।$$

H_2SO_4 मामूली ताप में तरल होता है, पर काफी ताप बढ़ाए बिना

उसकी भाप नहीं बनती। एसिड, ऐलकली तथा दूसरी धातुओं से सहज ही इसकी रासायनिक प्रक्रिया होती है। जैसे,

$$NaOH + H_2SO_4 \rightarrow NaHSO_4 + H_2O$$

$$Zn + H_2SO_4 \rightarrow ZnSO_4 + H_2$$

सल्फ्यूरिक एसिड में ऑक्सीडाइज़ करने की क्षमता काफी होती है। यह सल्फर और कार्बन को ऑक्सीडाइज़ करके क्रम से SO_2 और CO_2 बनाता है।

$$S + 2H_2SO_4 \rightarrow 2\,H_2O + 3SO_2$$

$$C + 2H_2SO_4 \rightarrow 2H_2O + CO_2 + 2SO_2$$

सल्फ्यूरिक एसिड के उपयोग क्या-क्या हैं ?

यह हाइड्रोक्लोरिक एसिड, नाइट्रिक एसिड, रंग, विस्फोटक, खेत की खाद, चीनी बनाने, पेट्रोलियम की सफाई, बुनाई, मोटर की बैटरी आदि में काम आता है। वास्तव में उद्योग-शिल्प में यह सल्फ्यूरिक एसिड ही सबसे ज्यादा महत्व की चीज है। जहाँ जितना सल्फ्यूरिक एसिड तैयार होता है, उसी हिसाब से वहाँ की औद्योगिक उन्नति आँकी जाती है।

कार्बन

कार्बन आम तौर से खानों से निकाला जाता है। संसार के सभी पदार्थों के कुल वजन के सौ हिस्से में से एक हिस्सा कार्बन का वजन है। लगभग दो लाख यौगिक पदार्थों का उपादान बनता है यह कार्बन। कार्बन के बिना कोई जैव पदार्थ नहीं होता। इसीलिए कार्बनयुक्त यौगिक पदार्थों की आलोचना का रसायन का एक स्वतन्त्र विभाग ही है। वह विभाग है जैव रसायन या ऑर्गेनिक केमिस्ट्री।

कार्बन के अनेक ऐलोट्रोप होते हैं। उनमें से मुख्य हैं हीरा और ग्रेफाइट। ग्रेफाइट से पेन्सिल की लेड तैयार होती है। गले लोहे में कार्बन डाल देने के बाद उसे ठण्डा करने पर लोहे के दबाव से यह कार्बन हीरा हो जाता है। इसे नकली हीरा कहते हैं। हाइड्रोक्लोरिक एसिड की मदद से लोहे को गलाकर अन्दर से यह हीरा निकाला जाता है।

कार्बन का व्यवहार ईंधन के रूप में होता है, क्योंकि यह बड़ी आसानी

से ऑक्सीजन से मिलता है। दहन के फलस्वरूप CO_2 और CO गैस बनती है। CO_2 बड़ी जहरीली गैस है। लेकिन कार्बन की खूबी है कि वह जहरीली गैस को बड़ी आसानी से सोखता है। इसीलिए लड़ाई के दिनों गैस-मास्क में कार्बन का व्यवहार होता है।

रिड्यूसिंग एजेन्ट के रूप में कार्बन बहुत क्रियाशील होता है। कच्चे धातु को रिड्यूस करके उससे शुद्ध धातु निकालने के लिए कार्बन का बहुत ज्यादा व्यवहार किया जाता है।

कोयले में अनेक पदार्थ रहते हैं और वे आसानी से भाप बनते हैं। इसीलिए कोयले को गरम करने से ये भाप बनकर निकल आते हैं। उन चीज़ों में से प्रमुख हैं--कोलतार, कोयला गैस (CH_4, C_2H_4 आदि गैसों का मिश्रण) और अमोनिया।

कोलतार से तरह-तरह की चीजें बनती हैं, जैसे खुशबू, रंग, सैकरीन (चीनी से पाँच सौ गुनी ज्यादा मीठी चीज) आदि।

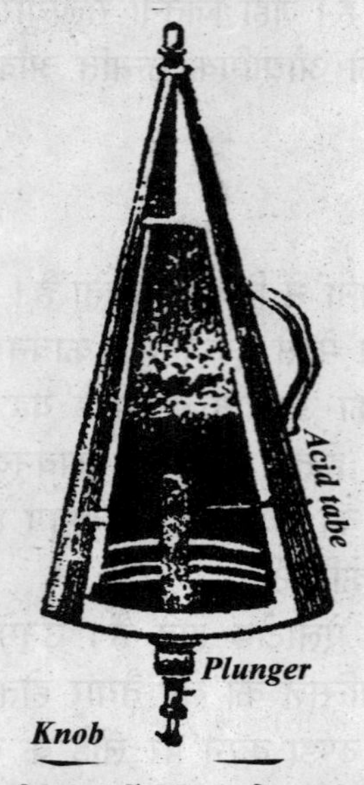

आग बुझाने का यन्त्र : कांच के ट्यूब में एसिड और बाहर पानी में घुला हुआ सोडियम बाइकार्बोनेट है। इसकी मूठ में धक्का मारने से कांच की नली टूट जाती है और रासायनिक प्रक्रिया से कार्बन डायोक्साइड CO_2 तैयार होता है। आग में पड़कर CO_2 आक्सीजन का आना रोक देता है। इस तरह आग बुझ जाती है।

गैस की रोशनी, गैस के चूल्हे कोयला-गैस से ही जलते हैं। प्रयोगशाला में हाइड्रोक्लोरिक एसिड के साथ मार्बल या खड़िया ($CaCO_3$) की रासायनिक प्रक्रिया से कार्बन डायोक्साइड (CO_2) पैदा किया जाता है।

$$CaCO_3 + 2HCl \rightarrow CaCl_2 + H_2O + CO_2$$

चूना-पत्थर ($CaCO_3$) को जलाने से CO_2 मिलता है।

CO_2 किस-किस काम आता है?

सोडा लेमन वनाने और आग बुझाने के यन्त्र में CO_2 की जरूरत पड़ती है। पेड़-पौधे, सूरज की किरण और क्लोरोफ़िल नाम की हरी चीज के सहारे, जो भोजन तैयार करते हैं, उसके लिए भी CO_2 की आवश्यकता होती है। CO_2 से पेड़-पौधे कार्बन लेकर ऑक्सीजन लौटा देते हैं और हम साँस लेते हुए इसी ऑक्सीजन को ग्रहण करते हैं। और चूँकि पेड़-पौधे ऑक्सीजन देते हैं, इसीलिए हम सबका जीना सम्भव होता है। हमारी साँस के द्वारा भी शरीर से CO_2 निकलता है। प्रमाण यह है कि चूने के साफ पानी में CO_2 मिल जाए तो पानी दूध के समान सफ़ेद हो जाएगा। हम अगर चूने के साफ पानी में नली से निश्वास छोड़ते रहें, तो वह भी वैसा ही सफ़ेद हो जाएगा। इस यौगिक मिलन से कैल्सियम कार्बोनेट ($CaCO_3$) तैयार होता है और वह पानी में नहीं घुलता। $CaCO_3$ भला कैसे तैयार होता है?

$$Ca(OH_2) + CO_2 \rightarrow CaCO_3 + H_2O$$

सोडियम और पोटाशियम

ये दोनों धातु पर्याय-सारणी के वर्ग Ia में हैं। चूँकि दोनों एक ही वर्ग में हैं, इसलिए इनके लक्षण ज्यादातर एक-से हैं। दोनों ही आसानी से यौगिक पदार्थ के उपादान बन सकते हैं, इसलिए ये प्रकृति में खुले नहीं मिलते, यौगिक पदार्थों में मिलते हैं।

सोडियम (Na) जिस यौगिक पदार्थ में आसानी से मिलता है, वह है समुद्री नमक (NaCl) और पोटाशियम (K) जिस यौगिक पदार्थ से आसानी से मिलता है, वह है पोटाशियम क्लोराइट (KCl)। KCl कहाँ पाया जाता है? यह विशेषतया खानों में मिलता है। थोड़ा-बहुत समुद्र के पानी में भी पाया जाता है।

सोडियम कैसे तैयार किया जाता है?

NaCl 800 डिग्री सेंटीग्रेड उत्ताप में गलकर तरल होता है। लेकिन उसमें कैल्सियम क्लोराइड ($CaCl_2$) मिलाने से वह केवल 650 डिग्री सेंटीग्रेड ताप में ही गल जाता है। फिर उसमें बिजली का प्रवाह चला देने से बिजली वाले नेगेटिव तार के छोर पर सोडियम और पॉजिटिव तार के छोर पर क्लोरीन जमा होता है। इसी तरीके से KCl से पोटाशियम मिलता है। हाँ, इस तरीके से अकेले Na या K ही पैदा नहीं होता, बल्कि Cl भी मिलता है।

Na और K इतना ज्यादा क्रियाशील होते हैं कि पानी के साथ भी उनकी रासायनिक प्रक्रिया होती है और इससे पानी से हाइड्रोजन मिलता है :

$$2Na + 2H_2O \rightarrow 2NaO + H_2$$
$$2K + 2H_2O \rightarrow 2KOH + H_2$$

इस रासायनिक प्रक्रिया के समय इतना अधिक ताप पैदा होता है कि सावधानी न बरती जाए, तो आग लग सकती है।

थोड़े ही ताप में ऑक्सीजन, सल्फर, क्लोरीन, ब्रोमीन और आयोडीन से सहज ही मिलकर Na और K यौगिक पदार्थ तैयार करते हैं।

सोडियम से क्या-क्या काम लिया जाता है?

इससे नकली नील, सोडियम परोक्साइड (Na_2O_2), सोडियम साइनाइड (NaCN) आदि बनता है। पोटाशियम किस काम आता है? यह पोटाशियम साइनाइड (KCN) बनाने के काम आता है।

सोडियम-युक्त एक मूल्यवान पदार्थ है सोडियम हाइड्रोक्साइड या कास्टिक सोडा (NaOH)। इसी तरह पोटाशियम-युक्त एक कीमती यौगिक पदार्थ है पोटाशियम हाइड्रोक्साइड या कास्टिक पोटाश (KOH)। ये दोनों साबुन बनाने के लिए निहायत जरूरी हैं। इनके बनाने की पद्धति का चित्र सामने के पृष्ठ पर दिया जा रहा है।

पानी में NaCl या KCl को घोलकर विद्युत-विश्लेषण किया जाता है। बिजली ले जाने वाले नेगेटिव तार के सिरे पर पारा (Hg) रहता है, उस पारे में सोडियम या पोटाशियम मिलकर घुल जाता है। उसके बाद Na या K को Hg से अलग निकालकर उसमें पानी मिला देने से ही NaOH या

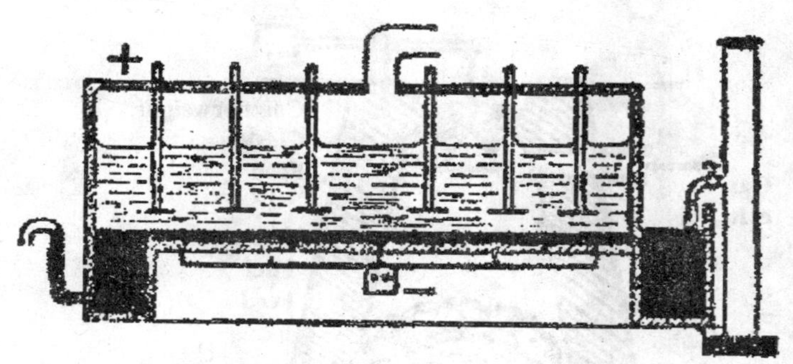

KOH पाया जाता है। पानी के साथ Na या K की प्रक्रिया कैसे होती है, इसका समीकरण पहले ही दिया जा चुका है। इस पद्धति से एक ही साथ Cl_2 और H_2 भी पैदा होते हैं। इसलिए आजकल Cl_2 के उत्पादन के लिए इसी तरीके को अपनाया जाता है।

साबुन कैसे बनता है?

NaOH या KOH में वनस्पति का तेल मिलाकर गरम करने से साबुन और ग्लिसरीन तैयार होता है। कपड़ा धोने वाले साबुन में NaOH और बदन में लगाने वाले साबुन में KOH प्रयुक्त करते हैं।

लोहा और इस्पात

धातुओं में लोहा सबसे ज्यादा जरूरी है और ऐल्युमिनियम को छोड़कर बाकी सब धातुओं में पाया भी ज्यादा जाता है। कुछ दूसरी धातुओं में लोहा मिलाकर कुछ मिली-जुली धातु बनती हैं। इन धातुओं को जितना चाहे कड़ा, नरम, टूटने वाला, मज़बूत, चुम्बकीय, बढ़ने-घटने वाला (elastic) या इसका उल्टा बनाया जा सकता है।

लोहा खान से मिलता है। लेकिन खान में यह आमतौर से ऑक्साइड, कार्बोनेट या सल्फाइड के रूप में रहता है। ऐसे कुछ पदार्थ हैं--हेमेटाइट (Fe_2O_3), मैग्नेटाइट (Fe_3O_4), आयरन पाइराइट्स (FeS_2)। अपने देश के कारखानों में हेमेटाइट से ही लोहा निकाला जाता है। इसके लिए भट्ठी (Blast Furnace) में कार्बन के सहारे हेमेटाइट को रिड्यूस करना पड़ता है। चित्र देखिए :

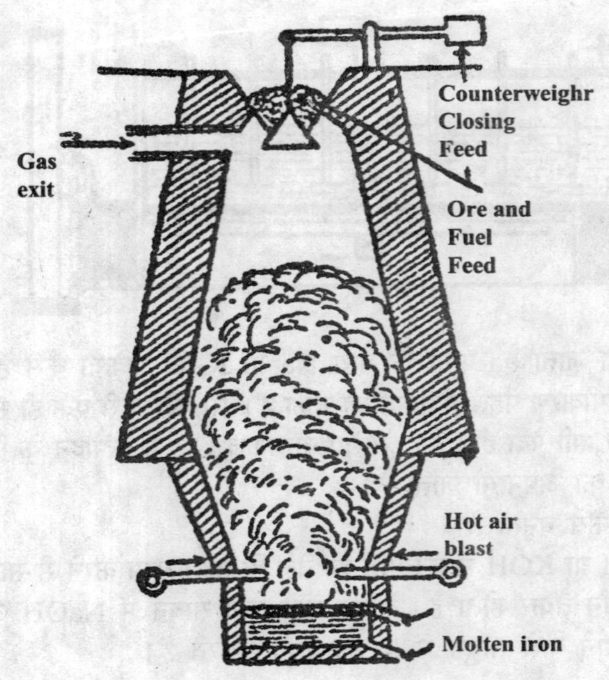

भट्ठी के ऊपर से कोयला और चूना-पत्थर में मिलाकर हेमेटाइट को नीचे डाल दिया जाता है और नीचे से गर्म हवा का तेज झोंका (800 डिग्री सेंटीग्रेड) दिया जाता है। हवा का ऑक्सीजन उस ताप से कोयले को जलाकर पहले कार्बन मोनोक्साइड (CO) तैयार करता है :

$$2C + O_3 \rightarrow 2CO$$

इस प्रक्रिया से ताप बढ़कर 1500 डिग्री सेंटीग्रेड तक पहुँच जाता है। फिर कार्बन मोनोक्साइड हेमेटाइट को इस प्रकार रिड्यूस करता है :

$$Fe_2O_3 + 3CO \rightarrow 2Fe + 3CO_2$$

इस ताप से मुक्त Fe गलकर नीचे चला जाता है और चूना-पत्थर, बालू, मिट्टी, फासफोरस से मिल जाता है (खान से ये चीज़ें हेमेटाइट के साथ थोड़ी-बहुत लगकर आती हैं।)।

ये चीजें मिल-जुलकर, एक तह-सी, गले लोहे पर तिरती रहती हैं--इसे गाद या Slag कहते हैं। चूँकि यह तह लोहे पर पड़ी रहती है, इसलिए गर्म

हवा लोहे को फिर ऑक्सीडाइज़ नहीं कर सकती। इसके बाद नीचे से गले लोहे को निकाल लिया जाता है और अधिक जमा हो जाने पर गाद को भी बाहर कर दिया जाता है।

इस लोहे को पिग आयरन या कास्ट आयरन कहते हैं।

कास्ट आयरन में 2.4 प्रतिशत भाग कार्बन मिला रहता है। इसको पीटा नहीं जा सकता। यह पीटने से टूट जाता है। गर्म हवा के जरिए इस कार्बन को गलाकर फिर .2% पर लाया जाता है और तब जो लोहा (Wrought Iron) मिलता है, वह पीटने से टूटता नहीं। इसे आकारों में बदला जा सकता है।

अब लोहे से मिलने वाली एक मिली-जुली धातु को लें। जैसे, इस्पात। इस्पात को स्टील कहते हैं। इसमें .15% से 1.5% तक कार्बन रह सकता है। ज्यादा कार्बन रहने से इस्पात ज्यादा कड़ा होता है और कार्बन कम रहने से नरम।

साधारणतया दो तरह से इस्पात तैयार किया जाता है। पहले तरीके में जिस यन्त्र की जरूरत पड़ती है, उसे बेसेमर कनवर्टर कहते हैं। चित्र देखिए :

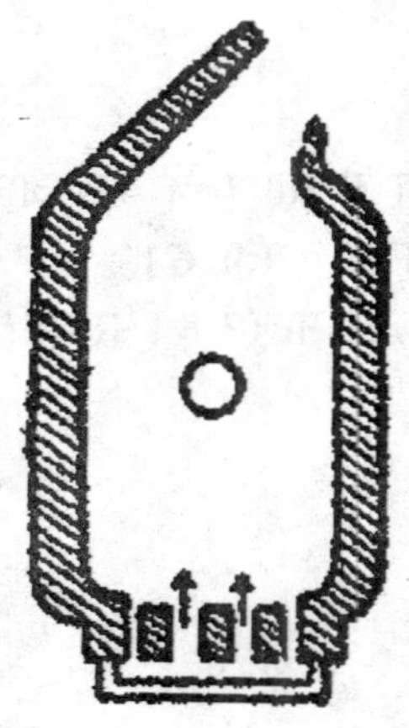

इसमें गले हुए पिग आयरन में अन्दर से गर्म हवा भेजकर कार्बन तथा और-और चीजों को बिल्कुल जला दिया जाता है। उसके बाद इसमें निश्चित मात्रा में मैंगनीज़ और कार्बन डाल दिया जाता है। ये भली तरह मिल जाएँ,

इसके लिए गर्म हवा के झटके दिए जाते हैं। फिर हवा को रोककर गले लोहे को ढाल लेते हैं। यही ठण्डा होकर स्टील हो जाता है। इस काम में बीस मिनट से आधे घण्टे का समय लगता है।

दूसरी पद्धति का नाम ओपन हर्थ या खुली भट्ठी-पद्धति है। तरीका लगभग एक ही है। फर्क इतना ही है कि गर्म हवा के झटके नीचे की बजाय

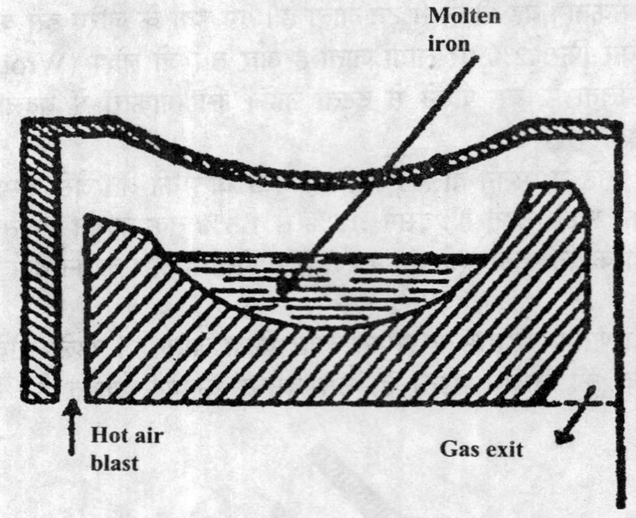

ऊपर से दिए जाते हैं। इसी से यह यन्त्र कुछ और ढंग का होता है। इस पद्धति में चार घण्टे का समय लगता है।

इस्पात का व्यवहार सबको मालूम है। इसलिए इस पर अलग से कहने की आवश्यकता नहीं।

●●●